AgiliWriting ®
DICTIONARY
of
ABBREVIATED
WORDS

ANNE GRESHAM

AgiliTyping Ltd
London

First published in Great Britain in 1990 by
© AGILITYPING LTD
London, England

Copyright © Anne Gresham 1986-1990

WORLD RIGHTS RESERVED

No part of this publication may be copied, transmitted, or stored in a retrieval system or reproduced in any way including, but not limited to, photography, photocopy, magnetic or other recording means, without prior written permission from the publishers, with the exception of material entered and executed on a computer system for the reader's own use.

Agiliwriting ® and **AgiliTyping** ®
are the registered trademarks of Agilityping Ltd.

British Library Cataloguing in Publication Data
Gresham, Anne
    Dictionary of AgiliWriting abbreviated words
    1. Shorthand
    1. Title
    653

ISBN 1-872968-01-5

Typeset by:
JustaMo, Cheshunt, Herts

Cover by:
Design 29, Dyfed

Printed in Great Britain by:
Billing & Sons Ltd, Worcester

CONTENTS

Introduction	V
AgiliWriting Dictionary of Abbreviated Words	1
Appendix 1. Countries, Cities & Towns	163
Appendix 2. Days of the Week	165
Months of the Year	165
Appendix 3. Unabbreviated One-Syllable Words	166
Appendix 4. Abbreviated One-Syllable Words	171
Appendix 5. Alternative Contractions	186

INTRODUCTION

AgiliWriting SHORTHAND OF THE ENGLISH LANGUAGE

This edition lists the AgiliWriting abbreviations for the most common and useful words in the English language and it should be possible for any word not included in this list to be written satisfactorily according to the AgiliWriting principles of abbreviation.

GUIDE TO THE USE OF THE DICTIONARY

1. **EXTENDING ABBREVIATED WORDS**

   Plurals - add 's'.
   Past tenses - add 'd'.
   Present tense: Suffix 'ing' add 'g'.

vote	=	**vot**
votes	=	**vots**
voted	=	**votd**
voting	=	**votg**

2. **Double letters become single letters.**

egg	=	**eg**
spell	=	**spel**

3. **Silent vowels and consonants are deleted.**

debt	=	**det**

   Silent consonant **'b'** is deleted.

rhyme	=	**rym**

   Silent 'h' is deleted
   Silent vowel 'e' is deleted

pledge	=	**plej**

   Soft sound of 'g' = 'j'

light	=	**lyt**
Long soft vowel 'i'	=	'y'

   Silent consonants 'gh' are deleted

4. UNABBREVIATED WORDS

Where a one-syllable word contains a single short-hard vowel, the vowel is retained as shown in the following examples:

end	beg
it	bit
at	man
ask	bar
on	or
up	fund

Refer to Appendix 3: 'Unabbreviated Words'

5. Extending unabbreviated words by the addition of plurals - add 's', past tenses - add 'd'. Present tense: Suffix 'ing = g'

end = end,	ends = **ends**
ended = **endd**	ending = **endg**
fund = **fund**	funds = **funds**
funded = **fundd**	funding = **fundg**

Where an unabbreviated word contains a single **long-soft vowel**, it can be written in the longhand form, or the vowel can be replaced by the **AgiliWriting** consonant used to represent the vowel, as shown in the following examples:-

Longhand	**AgiliWriting**
mind = **mind**	mind = **mynd**
lady = **lady**	lady = **lhdy**
cry = **cry**	cry = **cry**

Introduction VII

When an unabbreviated word is extended to include **plurals**, **past tenses**, **suffixes and/or terminations**, it should be written in the **AgiliWriting shorthand form**, as shown in the following examples:-

 minds = **mynds**
 minded = **myndd**
 minder = **myndr**
 minding = **myndg**

 ladies = **lhdys**

 cried = **cryd**

Refer to the chapter 'The Vowels in One-Syllable Words' in the AgiliWriting teach-yourself handbook.

6. APOSTROPHIES

An apostrophie following an abbreviation indicates that there is another identical abbreviation.

7. ALTERNATIVE CONTRACTION OF WORDS
See Appendix 5

 super = **supr** when standing alone
 super = **supr** or **zp** when prefixing a word

 supermarket = **suprmrkt** or **zpmrkt**
 supervisor = **suprvzr** **zpvzr**

 under = **undr** when standing alone
 under = **undr** or **u** when prefixing a word

 understand = **u'stnd**
 undervalue = **u'vlw**

 self = **slf**, when standing alone
 self = **slf** or **s'** when prefixing a word

 self-addressed = **slfadrz**d or **s'adrzd**
 self-contained = slfcntnd or **s'cntnd**

over = **over** when standing alone
over = **o** when prefixing a word

overcome = **ovrcm** or **o'cm**
overdone = **ovrdn** or **o'dn**

every = **evry** when standing alone
every = **ev** when prefixing a word

everyone = **evrywn** or **evwn**
everyday = **evrydy** or **evdy**

Computer Users
AgiliTyping software automatically translates **AgiliWriting** shorthand into full English language.

Aa

aback	abk	aboard	abrd
abandon	abndng	abolish	abolsh
abandoning	abndg	abolishing	abolshg
abandonment	abndnm	abolishment	abolshm
abase	abz	abolition	abolzn
abasement	abzmnt	abominable	abomnbl
abate	abht	abominate	abomnht
abated	abhtd	abominating	abomnhtg
abatement	abhtm	abomination	abomnhzn
abating	abhtg	abortion	aborzn
abattoir	abtwr	abortive	abortv
abbey	aby	abound	abwnd
abbreviate	abrvyt	abounding	abwndg
abbreviating	abrvytg	about	abt
abbreviation	abrvyzn	about	abwt
abdicate	abdct	above	abv
abdicating	abdctg	abrading	abradg
abdication	abdczn	abrasion	abrazn
abducting	abductg	abrasive	abrazv
abduction	abducn	abrasively	abrazvly
aberrance	abrnz	abreast	abrst
aberrate	abrht	abridge	abrij
aberration	abrhzn	abridging	abrijg
abetted	abetd	abridgement	abrijm
abetting	abetg	abroad	abrwd
abeyance	abynz	abrogate	abrogt
abhorrence	abhornz	abrogating	abrogtg
abhorrent	abhornt	abrogation	abrogzn
abhorring	abhorng	absence	absnz
abide	abyd	absent	absnt
abiding	abydg	absented	absntd
ability	ablty	absentee	absnty
able	abl	absenteeism	absntysm
ablution	ablwzn	absolute	abzlwt
abnegate	abngt	absolutely	abzlwtly
abnegating	abngtg	absolving	absolvg
abnegation	abngzn	absolvement	absolvm
abnormal	abnrml	absorbing	absorbg
abnormality	abnrmlty	absorption	absorpn
abnormally	abnrmly	abstain	abstn
		abstained	abstnd
		abstaining	abstng
		abstemious	abstmyz

abstention	abstnzn	acclaim	aclm
abstracting	abstrctg	acclaiming	aclmg
abstraction	abstrcn	acclamation	aclmzn
absurd	absrd	acclimatisation	aclymtzn
absurdity	absrdty	acclimatise	aclymtz
abundance	abundnz	acclimatising	aclymtzg
abundant	abundnt	accolade	aclhd
abundantly	abundntly	accommodating	acmdtg
abuse	abwz	accommodation	acmdzn
abusing	abwzg	accommodate	acmdt
abusive	abwzv	accompanied	acmpnyd
academic	acdmc	accompaniment	acmpnym
academy	acdmy	accompanist	acmpnst
accede	aczd	accompany	acmpny
acceded	aczdd	accompanying	acmpnyg
acceding	aczdg	accomplice	acmplz
accelerate	acslrht	accomplish	acmplsh
accelerated	acslrhtd	accomplishing	acmplshg
accelerating	acslrhtg	accomplishment	acmplshm
acceleration	acslrhzn	accordance	acdnz
accelerator	acslrhtr	according	acdg
accend	acsnd	accordingly	acdgly
accendibility	acsndblty	account	acwnt
accent	acsnt	accountability	acwntblty
accenting	acsntg	accountable	acwntbl
accentuate	acsntwt	accountant	acwntnt
accentuating	acsntwtg	accounting	acwntg
accentuation	acsntwzn	accoustic	acwstc
accept	acpt	accredit	acrdt
acceptable	acptbl	accredited	acrdtd
acceptance	acptnz	accrediting	acrdtg
accepting	acptg	accretion	acrzn
acerbate	asrbt	accrual	acrwl
acerbitude	asrbtwd	accrue	acrw
access	aczs	accruing	acrwng
accessed	aczsd	accumulate	acmlht
accessibility	aczsblty	accumulated	acmlhtd
accessible	aczsbl	accumulating	acmlhtg
accessing	aczsg	accumulation	acmlhzn
accession	aczsn	accumulative	acmlhtv
accessory	aczsry	accumulator	acmlhtr
accident	acsdnt	accuracy	acrhzy
accidental	acsdntl	accurate	acrht

accurately	acrhtly	across	acroz
accuse	acwz	acted	actd
accused	acwzd	acting	actg
accusation	acwzsn	action	acn
accusing	acwzg	activate	actvt
accustom	acstm	activated	actvtd
accustomed	acstmd	activating	actvtg
acerbity	asrbty	activation	actvzn
acetic	aztc	actively	actvly
acetylene	aztln	activity	actvty
ache	ak	actress	actrz
aching	akg	actual	actwl
achieve	achv	actually	actwly
achieved	achvd	actuarial	actwryl
achieving	achvg	actuary	actwry
achievement	achvm	acumen	acwmn
acid	azd	acute	acwt
acidify	azdfy	acutely	acwtly
acidity	azdty	adamant	admnt
acidulate	azdlht	adapt	adpt
acknowledge	aknwlj	adaptability	adptblty
acknowledged	aknwljd	adaptable	adptbl
acknowledging	aknwljg	adaptation	adptzn
acknowledgement	aknwljm	adapting	adptg
acquaint	aqnt	adaption	adpn
acquainance	aqntnz	add	ad
acquaintanceship	aqntzshp	addend	adnd
acquainted	aqntd	addendum	adndum
acquainting	aqntg	addict	adct
acquiesce	aqyz	addicted	adctd
acquiescence	aqyznz	addiction	adcn
acquiescing	aqyzg	addictive	adctv
acquire	aqr	adding	adg
acquired	aqrd	addition	adzn
acquirement	aqrmnt	additional	adznl
acquiring	aqrng	additionally	adznly
acquirer	aqrhr	additive	adtv
acquisition	aqszn	address	adrz
acquisitive	aqztv	addressed	adrzd
acquit	aqt	addressing	adrzg
acquittal	aqtl	addressee	adrzy
acquitted	aqtd	adduce	adwz
acquitting	aqtg	adducing	adwzg

adducible	**adwzbl**	admirer	**admrhr**
adept	**adpt'**	admired	**admrd**
adequacy	**adqzy**	admiring	**admrng**
adequate	**adqt**	admissible	**admzbl**
adequately	**adqtly**	admission	**admzn**
adequateness	**adqtnz**	admit	**admt**
adhere	**adhr**	admitted	**admtd**
adhered	**ahrd**	admittance	**admtnz**
adherence	**adhrnz**	admitted	**admtd**
adherent	**adhrnt**	admitting	**admtg**
adhering	**adhrng**	admonishing	**admonshg**
adhesion	**adhzn**	admonition	**admonzn**
adhesive	**adhzv**	adolescent	**adlsnt**
adjacent	**ajsnt**	adolescence	**adlsnz**
adjoin	**ajwn**	adopting	**adoptg**
adjoined	**ajwnd**	adoption	**adopn**
adjoining	**ajwng**	adoptive	**adoptv**
adjourn	**ajrn**	advance	**advnz**
adjourned	**ajrnd**	advancement	**advnzm**
adjourning	**ajrng**	advancing	**advnzg**
adjournment	**ajrnm**	advantage	**advntj**
adjudge	**ajuj**	advantageous	**advntjyz**
adjudicate	**ajwdct**	adventitious	**advntshz**
adjudicating	**ajwdctg**	adventure	**advntur**
adjudication	**ajwdczn**	adventurous	**advntrwz**
adjunct	**ajunct**	adversary	**advrzry**
adjunctive	**ajunctv**	adverse	**advrz**
adjuration	**ajrhzn**	adversity	**advrzty**
adjure	**ajr**	advertise	**advrtz**
adjust	**ajst**	advertisement	**advrtzm**
adjusting	**ajstg**	advertisement	**advrt**
adjustment	**ajstm**	advertiser	**advrtzr**
administer	**admnstr**	advertising	**advrtzg**
administering	**admnstrng**	advice	**advs**
administrate	**admnstrht**	advisability	**advzblty**
administrated	**admnstrhtd**	advisable	**advzbl**
administrating	**admnstrhtg**	advise	**advz**
administration	**admnstrhzn**	advised	**advzd**
administrative	**admnstrhtv**	adviser	**advzr**
administrator	**admnstrhtr**	advisory	**advzry**
admirable	**admrbl**	advocate	**advoct**
admiration	**admrhzn**	advocating	**advoctg**
admire	**admr**	advocation	**advoczn**

aerate	arht	affray	afry
aeration	arhzn	affreight	afrht
aerial	aryl	affright	afryt
aerodrome	ardrom	affront	afrnt
aeronautic	arnwtc	affrontation	afrntzn
aeroplane	arpln	affronting	afrntg
aesthetic	asthtc	affuse	afwz
affability	afblty	affusion	afwzn
affable	afbl	afield	afld
affair	afhr	afloat	aflot
affect	afct	afoot	afwt
affectation	afctzn	aforementioned	afmnznd
affected	afctd	aforesaid	afzd
affection	afcn	afresh	afrsh
affectionate	afcnht	afraid	afrhd
affidavit	afdvt	after	aftr
affiliate	aflyt	afternoon	aftrnwn
affiliating	aflytg	afterwards	aftrwrds
affiliated	aflytd	again	agn
affiliation	aflyzn	against	agnst
affinity	afnty	age	aj
affirm	afhm	aged	ajd
affirm	afrm	ageing	ajg
affirmation	afhmzn	ageless	ajls
affirmation	afrmzn	agent	ajnt
affirmative	afhmtv	agency	ajnzy
affirmative	afrmtv	agenda	ajnda
affirming	afhmg	agglomerate	aglomrht
affirming	afrmg	aggrandise	agrndz
affix	afx	aggrandisement	agrndzm
affixed	afxd	aggrandising	agrndzg
affixing	afxg	aggravate	agrvt
afflict	aflct	aggravating	agrvtg
afflicting	aflctg	aggravation	agrvzn
affliction	aflcn	aggregate	agrgt
affluent	aflwnt	aggregating	agrgtg
affluence	aflwnz	aggregation	agrgzn
afforce	afz	aggregative	agrgtv
afforcement	afzmnt	aggression	agrzn
afford	afd	aggressive	agrzv
afforded	afdd	aggressively	agrzvly
affording	afdg	aggressor	agrzr
affordment	afdm	aggrieve	agrv

aggrieving	**agrvg**	alive	**alv**
agile	**ajl**	all	**al**
agility	**ajlty**	allay	**alhy**
agitate	**ajtt**	allayed	**alhd**
agitating	**ajttg**	allaying	**alhyg**
agitation	**ajtzn**	allegate	**algt**
agonising	**agnzg**	allegating	**algtg**
agony	**agny**	allegation	**algzn**
agree	**agry**	allege	**alj**
agreeable	**agrybl**	alleged	**aljd**
agreed	**agrd**	allegiance	**aljnz**
agreeing	**agryg**	alleging	**aljg**
agreement	**agrmnt**	allergic	**alrjc**
agricultural	**agrcultrl**	allergy	**alrjy**
agriculture	**agrcultr**	alert	**alrt**
aground	**agrwnd**	alerted	**alrtd**
ahead	**ahed**	alerting	**alrtg**
aim	**am'**	alleviate	**alvyt**
aimed	**amd**	alleviating	**alvytg**
aiming	**amg**	alleviation	**alvyzn**
aircraft	**arcrft**	alliance	**alynz**
airfield	**arfld**	allied	**alyd**
airforce	**arfz**	allocate	**aloct**
airline	**arln**	allocating	**aloctg**
airmail	**armhl**	allocation	**aloczn**
airmailing	**armhlg**	allot	**alot**
airport	**arpt**	allotment	**alotm**
airtight	**artyt**	allotting	**alotg**
airway	**arwy**	allow	**alw**
alarm	**alrm**	allowable	**alwbl**
alarming	**alrmg**	allowance	**alwnz**
alcohol	**alcol**	allowed	**alwd**
alcoholic	**alcolc**	allowing	**alwng**
alienate	**alynht**	allude	**alud**
alienating	**alynhtg**	alluding	**aludg**
alienation	**alynhzn**	allusion	**aluzn**
alight	**alyt**	ally	**aly**
alighted	**alytd**	alone	**alon**
alighting	**alytg**	along	**alng**
align	**alyn**	alongside	**alngsd**
aligning	**alyng**	almost	**almst**
alignment	**alynm**	alphabet	**alfbt**
alike	**alk**	alphabetical	**alfbtcl**

already	alrdy	ameliorating	amlyrhtg
alter	altr	amelioration	amlyrhzn
alteration	altrhzn	amenable	amnbl
altercate	altrct	amend	amnd
altercating	altrctg	amended	amndd
altercation	altrczn	amendment	amndm
altering	altrng	amending	amndg
alternate	altrnht	amenity	amnty
alternating	altrnhtg	amerce	amrz
alternative	altrnhtv	amercement	amrzmnt
alternatively	altrnhtvly	amiability	amyblty
although	altho	amiable	amybl
altitude	altwd	amicable	amcbl
altogether	altgthr	amicably	amcbly
altruistic	altrwstc	ammunition	amwnzn
aluminium	almnym	among	amng
always	alwys	amongst	amngst
amalgamate	amlgmt	amortisation	amortzn
amalgamating	amlgmtg	amortise	amortz
amalgamation	amlgmzn	amortisement	amortzm
amanuensis	amnwnss	amortising	amortzg
amass	amaz	amount	amwnt
amassing	amazg	amounted	amwntd
amassment	amazmnt	amounting	amwntg
amateur	amtr	amphibious	amfbyz
amateurism	amtrsm	amphitheatre	ampthytr
amaze	amz	ample	ampl
amazed	amzd	amplifier	amplfyr
amazement	amzmnt	amplification	amplfczn
amazing	amzg	amplified	amplfd
ambassador	ambzdr	amplify	amplfy
ambidextrous	ambdxtrwz	amplifying	amplfyg
ambiguity	ambgwty	amuse	amwz
ambiguous	ambgwz	amusing	amwzg
ambition	ambzn	amusement	amwzmnt
ambitious	ambshz	anagram	angrm
ambitiously	ambshzly	analogous	anljwz
ambivalent	ambvlnt	analogy	anljy
ambulance	amblnz	analogue	anlog
ambulant	amblnt	analyse	anlz
ambulate	amblht	analysation	anlzn
ambulation	amblhzn	analysing	anlzg
ameliorate	amlyrht	analysis	anlss

analyst	**anlst**	answer	**nsr**
analytical	**anltcl**	answerable	**ansrbl**
anarchy	**anrcy**	answerable	**nsrbl**
anarchist	**anrcst**	answering	**ansrng**
ancestor	**anzstr**	answering	**nsrng**
ancient	**anznt**	antacid	**antzd**
and	**nd**	antagonise	**antgnz**
anger	**angr**	antagonising	**antgnzg**
animal	**anml**	antagonism	**antgnsm**
animate	**anmt**	antagonist	**antgnst**
animated	**anmtd**	antecedence	**antzdnz**
animating	**anmtg**	antedate	**antdt**
animation	**anmzn**	antelope	**antlop**
annex	**anx**	ante-room	**ant'rm**
annexation	**anxzn**	antibiotic	**antbytc**
annexing	**anxg**	antibody	**antbdy**
annexure	**anxur**	antichamber	**antchmbr**
annihilate	**anlht**	anticipate	**antzpt**
annihilating	**anlhtg**	anticipation	**antzpzn**
annihilation	**anlhzn**	anticipating	**antzptg**
anniversary	**anvrsry**	anticlimax	**antclymx**
annotate	**anott**	antiquarian	**antqryn**
annotation	**anotzn**	antiquated	**antqtd**
announce	**anwnz**	antique	**antq**
announcement	**anwnzmnt**	antiquity	**antqty**
announcer	**anwnzr**	antiseptic	**antzptc**
annoy	**anoy**	anxiety	**anxty**
annoyance	**anoynz**	anxious	**anxz**
annoyed	**anoyd**	anxiously	**anxzly**
annoying	**anoyg**	any	**ny**
annual	**anwl**	anybody	**nybdy**
annually	**anwly**	anymore	**nymor**
annuity	**anwty**	anyone	**nywn**
annul	**anul**	anything	**nythg**
annulled	**anuld**	anytime	**nytym**
annulment	**anulm**	anyway	**nywy**
annum	**anm**	anywhere	**nywhr**
annunciate	**anunzyt**	apart	**aprt**
annunciation	**anunzyzn**	apartheid	**aprtyd**
anonymous	**anonmz**	apartment	**aprtm**
anonymity	**anonmty**	apologetic	**apljtc**
another	**anthr**	apologetically	**apljtcly**
answer	**ansr**	apologise	**apljz**

apologising	**apljzg**	applicant	**aplcnt**
apology	**apljy**	application	**aplczn**
appal	**apal**	applied	**aplyd**
appalled	**apald**	apply	**aply**
appalling	**apalg**	applying	**aplyg**
appanage	**apnhj**	appoint	**apnt**
apparatus	**aprhtz**	appointed	**apntd**
apparel	**aprl**	appointer	**apntr**
apparent	**aprnt**	appointing	**apntg**
apparently	**aprntly**	appointment	**apntm**
apparition	**aprzn**	apportion	**aporzn**
appeal	**apl**	apportioning	**aporzng**
appealed	**apld**	apportionment	**aporznmt**
appealing	**aplg**	appraisal	**aprazl**
appear	**apr**	appraise	**apraz**
appearance	**aprnz**	appraisement	**aprazm**
appearing	**aprng**	appreciate	**aprzyt**
appease	**apz**	appreciating	**aprzytg**
appeased	**apzd**	appreciation	**aprzyzn**
appeasement	**apzmnt**	appreciative	**aprzytv**
appeasing	**apzg**	apprehend	**aprhnd**
appellant	**aplnt**	apprehending	**aprhndg**
appellate	**aplht**	apprehension	**aprhnzn**
appellation	**aplhzn**	apprehensive	**aprhnzv**
appellee	**aple**	apprentice	**aprntz**
appellor	**aplor**	apprenticeship	**aprntzshp**
append	**apnd**	apprise	**aprz**
appended	**apndd**	apprisement	**aprzmnt**
appendix	**apndx**	appriser	**aprzr**
appertain	**aprtn**	apprising	**aprzg**
appertained	**aprtnd**	approach	**aprwch**
appertaining	**aprtng**	approachable	**aprwchbl**
appertainment	**aprtnm**	approaching	**aprwchg**
appetiser	**aptzr**	approbate	**aprobt**
appetising	**aptzg**	approbation	**aprobzn**
appetite	**aptyt**	appropriate	**apropryt**
applaud	**aplwd**	appropriating	**aproprytg**
applauded	**aplwdd**	appropriation	**apropryzn**
applauding	**aplwdg**	approval	**aprvl**
applause	**aplwz**	approve	**aprv**
apple	**apl'**	approved	**aprvd**
appliance	**aplynz**	approving	**aprvg**
applicable	**aplcbl**	approximate	**aprxmt**

approximate	**aprx**	arraigning	**arhng**
approximately	**aprxmtly**	arraingment	**arhnm**
approximating	**aprxmtg**	arrange	**arnj**
approximation	**aprxmzn**	arranging	**arnjg**
appurtenance	**aprtnnz**	arrangement	**arnjm**
aprise	**aprz**	arrear	**aryr**
aprised	**aprzd**	arreptitious	**arptshz**
aprising	**aprzg**	arrest	**arst**
aptitude	**aptwd**	arrested	**arstd**
arbiter	**arbtr**	arresting	**arstg**
arbitrage	**arbtrhj**	arrival	**arvl**
arbitrarily	**arbtrhrly**	arrive	**arv**
arbitrate	**arbtrht**	arriving	**arvg**
arbitrating	**arbtrhtg**	arrogance	**arognz**
arbitration	**arbtrhzn**	arrogant	**arognt**
arbitrator	**arbtrhtr**	arrogate	**arogt**
archaeological	**arcyljcl**	arrogating	**arogtg**
archaeology	**arcyljy**	arrogation	**arogzn**
archaeologist	**arcyljst**	arrow	**arw**
architect	**arctct**	article	**artcl**
architectural	**arctcturl**	articulate	**artclht**
architecture	**arctctur**	articulated	**artclhtd**
are	**r**	articulating	**artclhtg**
area	**ara**	articulation	**artclhzn**
arguable	**argwbl**	artifical	**artfzl**
argue	**argw**	artifice	**artfz**
arguing	**argwng**	artificially	**artfzly**
argumentative	**argwmntv**	artillery	**artlry**
arise	**arz**	artistic	**artstc**
arising	**arzg**	artistically	**artstcly**
arisen	**arzn**	ascend	**asnd**
arithmetic	**arthmtc**	ascendant	**asndnt**
arithmetical	**arthmtcl**	ascending	**asndg**
armament	**armnt**	ascent	**aznt**
armed	**armd**	ascertain	**asrtn**
armour	**armr**	ascertained	**asrtnd**
armoury	**armry**	ascertaining	**asrtng**
arming	**armg**	ascertainment	**asrtnm**
arose	**aroz**	ascribe	**ascrb**
around	**arwnd**	ascribed	**ascrbd**
arouse	**arwz**	ascribing	**ascrbg**
arousing	**arwzg**	ashamed	**ashmd**
arraign	**arhn**	aside	**asd**

asking	**askg**	assiduous	**azdwz**
asleep	**aslp**	assign	**asgn**
aspect	**aspct**	assignation	**asgnhzn**
aspersion	**asprzn**	assignee	**asgny**
asphyxiate	**asfxyt**	assigning	**asgng**
asphyxiating	**asfxytg**	assignment	**asgnm**
asphyxiation	**asfxyzn**	assignor	**asgnr**
aspirate	**asprht**	assimilate	**azmlht**
aspiration	**asprhzn**	assimilating	**azmlhtg**
aspirator	**asprhtr**	assimilation	**azmlhzn**
aspire	**aspr**	assisement	**aszmnt**
aspiring	**asprng**	assist	**asst**
assail	**azl**	assistance	**asstnz**
assailant	**azlnt**	assistant	**asstnt**
assailing	**azlg**	assisted	**asstd**
assassin	**azsn**	assisting	**asstg**
assassinate	**azsnht**	assize	**asz**
assassinated	**azsnhtd**	associate	**asozt**
assassinating	**azsnhtg**	associate	**aszt**
assassination	**azsnhzn**	associating	**asoztg**
assault	**azwlt**	associating	**asztg**
assaulted	**azwltd**	association	**asozn**
assaulting	**azwltg**	association	**aszn**
assay	**azy**	assort	**asort**
assemble	**azmbl**	assorted	**asortd**
assembling	**azmblg**	assorting	**asortg**
assembly	**azmbly**	assortment	**asortm**
assent	**asnt**	assuade	**aswad**
assenting	**asntg**	assuage	**aswaj**
assert	**asrt**	assuagement	**aswajm**
asserting	**asrtg**	assume	**azum**
assertion	**asrzn**	assumed	**azumd**
assertive	**asrtv**	assuming	**azumg**
assess	**azs**	assumption	**azumpn**
assessed	**azsd**	assurable	**azrbl**
assessing	**azsg**	assurance	**azrnz**
assessment	**azsmnt**	assure	**azr**
assessor	**azsr**	assured	**azrd**
asset	**azt**	assuring	**azrng**
asseverate	**asvrht**	astonish	**astonsh**
asseverating	**asvrhtg**	astonishing	**astonshg**
asseveration	**asvrhzn**	astonishment	**astonshm**
assiduity	**azdwty**	astound	**astwnd**

astounded	**astwndd**	attorney	**atrny**
astounding	**astwndg**	attract	**atrct**
astringent	**astrnjnt**	attracted	**atrctd**
astrological	**astrljcl**	attracting	**atrctg**
astrology	**astrljy**	attraction	**atrcn**
astronaut	**astrnwt**	attractive	**atrctv**
astronomical	**astronmcl**	attribute	**atrbwt**
astute	**astwt**	attributable	**atrbwtbl**
asymmetry	**azmtry**	attributing	**atrbwtg**
athlete	**athlt**	attributor	**atrbwtr**
athletic	**athltc**	auction	**awcn**
atlantic	**atlntc**	auctioneer	**awcnr**
atmosphere	**atmosfr**	auctioning	**awcng**
atmospheric	**atmosfrc**	audacious	**awdshz**
atrocious	**atroshz**	audaciously	**awdshzly**
attach	**atch**	audacity	**awdzty**
attaching	**atchg**	audibility	**awdblty**
attachment	**atchm**	audible	**awdbl**
attack	**atk**	audience	**awdynz**
attacker	**atkr**	audition	**awdzn**
attacking	**atkg**	auditor	**awdtr**
attain	**atn**	augment	**awgm**
attaining	**atng**	augmentation	**awgmntzn**
attainment	**atnm**	augmenting	**awgmntg**
attempt	**atmpt**	auspicious	**awspshz**
attempted	**atmptd**	authentic	**awthntc**
attempting	**atmptg**	authenticated	**awthntctd**
attend	**atnd**	authenticating	**awthntctg**
attendance	**atndnz**	authentication	**awthntczn**
attendant	**atndnt**	authenticity	**awthntzty**
attended	**atndd**	author	**awthr**
attending	**atndg**	authorise	**awthrz**
attention	**atnzn**	authorisation	**awthrzsn**
attentive	**atntv**	authorising	**awthrzg**
attentively	**atntvly**	authoritative	**awthrtv**
attenuate	**atnwt**	authoritatively	**awthrtvly**
attenuating	**atnwtg**	authority	**awthrty**
attenuation	**atnwzn**	autograph	**awtgrf**
attest	**atst**	automatic	**awtmtc**
attestation	**atstzn**	automation	**awtmzn**
attire	**atyr**	automatically	**awtmtcly**
attiring	**atyrng**	automobile	**awtmobl**
attitude	**atwd**	autonomous	**awtnmwz**

autumn	**awtm**
avail	**avl**
availability	**avlblty**
available	**avlbl**
availed	**avld**
availing	**avlg**
avarice	**avrz**
avaricious	**avrshz**
avariciousness	**avrshznz**
avenge	**avnj**
avenging	**avnjg**
avenue	**avnw**
average	**avrj**
averaging	**avrjg**
averse	**avrz**
aversion	**avrzn**
avert	**avrt**
averted	**avrtd**
averting	**avrtg**
aviation	**avyzn**
avid	**avd**
avidity	**avdty**
avoid	**avwd**
avoidance	**avwdnz**
avoided	**avwdd**
avoiding	**avwdg**
avocate	**avoct**
avocation	**avoczn**
avocational	**avocznl**
avowal	**avowl**
avuncular	**avunclr**
await	**awt**
awaiting	**awtg**
awake	**awk**
awaken	**awkn**
awakening	**awkng**
award	**awrd**
awarded	**awrdd**
awarding	**awrdg**
aware	**awr**
awareness	**awrnz**
away	**awy**
awesome	**awsm**
awful	**awfl**
awhile	**awyl**
awkward	**awkwrd**
awkwardness	**awkwrdnz**
axe	**ax**
axing	**axg**

Bb

bachelor	**bchlr**
back	**bk**
backdate	**bkdt**
backbencher	**bkbnchr**
backer	**bkr**
background	**bkgrwnd**
backing	**bkg**
backlog	**bklog**
backnumber	**bknmbr**
backward	**bkwrd**
backwardation	**bkwrdzn**
bade	**bhd**
baffle	**bafl**
baffling	**baflg**
baggage	**bgj**
bail	**bhl**
bailiff	**bhlf**
bake	**bhk**
baker	**bhkr**
bakery	**bhkry**
baking	**bhkg**
balance	**blnz**
balanced	**blnzd**
balancing	**blnzg**
balancesheet	**blnzsht**
ballast	**blhst**
ballerina	**bhlrna**
ballet	**bhly**
ballistic	**bhlstc**
balloon	**blwn**
ballot	**bhlt**
balloting	**bhltg**
bandage	**bndj**

bandaging	**bndjg**	bearing	**brhg**
banding	**bandg**	beast	**bst'**
bank	**bnk**	beat	**bt**
bankbook	**bnkbwk**	beating	**btg**
banker	**bnkr**	beaten	**btn**
banking	**bnkg**	beautician	**bwtzn**
bankruptcy	**bnkruptzy**	beautiful	**bwtfl**
banquet	**bnqt**	beautify	**bwtfy**
bare	**bhr**	beauty	**bwty**
barely	**bhrly**	beatitude	**btwd**
barefaced	**bhrfsd**	became	**bcam**
bargain	**brgn**	because	**bcz**
bargaining	**brgng**	beckon	**bkn**
barrack	**brhk**	beckoning	**bkng**
barrage	**brhj**	become	**bcm**
barrel	**bhrl**	becoming	**bcmg**
barren	**bhrn**	bed	**bd**
barricade	**bhrcd**	bedding	**bdg**
barricading	**bhrcdg**	bedraggle	**bdragl**
barrister	**bhrstr**	bedridden	**bdridn**
barrow	**barw**	bedside	**bdsd**
base	**bz**	bedchamber	**bdchmbr**
basic	**bzc**	bedroom	**bdrm**
basically	**bzcly**	bedsitter	**bdsitr**
basement	**bzmnt**	bedspread	**bdspred**
basin	**bzn**	bedstead	**bdstd**
basis	**bss**	bedtime	**bdtym**
basket	**bskt**	been	**bn**
batch	**bhch**	befell	**bfel**
bathe	**bhth**	befit	**bfit**
bathing	**bhthg**	befitted	**bfitd**
bathroom	**bthrm**	befitting	**bfitg**
bathrobe	**bthrwb**	befriend	**bfrnd**
battle	**batl**	befriended	**bfrndd**
battleground	**batlgrwnd**	befriending	**bfrndg**
battling	**batlg**	before	**bfr**
bazaar	**bzr**	beforehand	**bfrhnd**
be	**b**	beget	**bgt**
beach	**bch**	begetting	**bgtg**
beacon	**bcn**	began	**bgan**
bear	**brh**	begin	**bgn**
bearer	**brhr**	beginner	**bgnr**
bearable	**brhbl**	beginning	**bgng**

beguile	bgyl	bequest	bqst
beguiling	bgylg	berate	brht
behalf	bhf	berating	brhtg
behave	bhv	bereave	brv
behaving	bhvg	bereaved	brvd
behaviour	bhvyr	bereaving	brvg
behind	bhnd	bereavement	brvmnt
being	bng	berth	brth'
belated	blhtd	berthing	brthg
beleaguer	blygr	beseach	bzch
beleaguing	blygng	beset	bzt
belie	bly	besetting	bztg
belied	blyd	beside	bsd
belief	blf	besiege	bsj
believable	blvbl	besieging	bsjg
believe	blv	bespeak	bspk
believing	blvg	best	bst
belittle	bltl	bestial	bstyl
belittling	bltlg	bestow	bstw
belligerent	blijrnt	bestowing	bstwng
belong	blng	betting	betg
belonging	blngng	better	btr
beloved	blovd	bettering	btrng
below	blw	betterment	btrmnt
bemused	bmwzd	betwixt	btwxt
bench	bnch	between	btwn
benchmark	bnchmrk	bewail	bwhl
bend	bnd	beware	bwhr
bending	bndg	bewilder	bwldr
beneath	bnth	bewildering	bwldrng
benefactor	bnfctr	beyond	bynd
beneficial	bnfzl	biannual	bynwl
beneficiary	bnfzry	bias	byz
beneficient	bnfznt	biasing	byzg
benefit	bnft	bicentennial	bysntnyl
benefitted	bnftd	bicycle	byscl
benefitting	bnftg	bidder	bidr
benevolence	bnvolnz	bidding	bidg
benevolent	bnvolnt	bide	byd
benign	bnyn	biding	bydg
bent	bnt	big	bg
bequeath	bqth	bigger	bgr
bequeathing	bqthg	biggest	bgst

bigoted	bgotd	blazing	blazg
bi-lateral	bylatrl	blender	blndr
bi-lingual	bylngwl	blend	blnd
bill	bl	blending	blndg
billed	bld'	bless	blz
billing	blg	blessing	blzg
billion	blyn	block	blok
binary	bynry	blocked	blok
binding	bindg	blocking	blokg
biochemical	bycmcl	blockcade	blocd
biographical	bygrfcl	blockading	blocdg
biography	bygrfy	blood	blwd
biological	byljcl	bloom	blwm
biologist	byljst	blooming	blwmg
biology	byljy	blossom	blozm
birth	brth	blotted	blotd
birthday	brthdy	blotting	blotg
birthrate	brthrht	blouse	blwz
birth-right	brthryt	blunder	blundr
bisection	byscn	board	brd
biscuit	bsct	boarded	brdd
bi-weekly	bywkly	boarder	brdr
bite	byt	boarding	brdg
biting	bytg	boardroom	brdrm
black	blk	boast	bwst'
blacken	blkn	boat	bwt
blackleg	blklg	body	bdy
blackboard	blkbrd	boil	bwl
blacklist	blklst	boiler	bwlr
blacklisting	blklstg	boiling	bwlg
blackmail	blkmhl	bomb	bmb
blackmailing	blkmhlg	bombing	bmbg
blackmailer	blkmhlr	bombard	bmbrd
blame	blam	bombarding	bmbrdg
blamed	blamd	bombardment	bmbrdm
blaming	blamg	bombastic	bmbstc
blanket	blnkt	bombing	bmbg
blaspheme	blasfm	book	bwk
blasphemous	blasfmz	book-keeper	bwkpr
blasphemy	blasfmy	book-keeping	bwkpg
blasting	blastg	booked	bwkd
blatant	blatnt	booking	bwkg
blaze	blaz	booklet	bwklt

bookseller	**bwkslr**	boycotted	**bwcotd**
bookshelf	**bwkshlf**	boycotting	**bwcotg**
bookwork	**bwkwrk**	bracket	**brakt**
boom	**bwm**	brain	**brhn**
booming	**bwmg**	branch	**brnch**
boost	**bwst**	branching	**brnchg**
boosting	**bwstg**	branded	**brandd**
border	**bordr**	branding	**brandg**
bordering	**bordrng**	breach	**brch**
bore	**bor**	breadth	**brdth**
bored	**bord**	break	**brk**
boredom	**bordm**	breakable	**brkbl**
borough	**boro**	breakage	**brkj**
borrow	**borw**	breakdown	**brkdwn**
borrowed	**borwd**	breakfast	**brkfst**
borrowing	**borwng**	breaking	**brkg**
boss	**boz**	breakthrough	**brkthrw**
bother	**bothr**	breast	**brst**
bottle	**botl**	breath	**breth**
bottling	**botlg**	breathe	**bryth**
bottleneck	**botlnk**	breathing	**brythg**
bottom	**botm**	breathless	**brethls**
bough	**bw'**	breathlessness	**brethlsnz**
bought	**bawt**	breathtaking	**brethtkg**
bounce	**bwnz**	breeze	**brz**
bouncing	**bwnzg**	bribe	**bryb**
bound	**bwnd**	bribing	**brybg**
boundary	**bwndry**	brick	**brc**
bounding	**bwndg**	bride	**bryd**
boundless	**bwndls**	bridegroom	**brydgrwm**
bountiful	**bwntfl**	bridesmaid	**brydsmd**
bounty	**bwnty**	bridge	**brij**
boutique	**bwtq**	bridging	**brijg**
bouquet	**bwqy**	brief	**brf**
bowled	**bowld**	briefcase	**brfcs**
bowler	**bowlr**	briefing	**brfg**
bowling	**bowlg**	briefly	**brfly**
box	**bx**	brigade	**brigd**
boxed	**bxd**	bright	**bryt**
boxing	**bxg**	brighten	**brytn**
boxer	**bxr**	brighter	**brytr**
boxoffice	**bxofz**	brilliance	**brlynz**
boycott	**bwcot**	brilliant	**brlynt**

bring	**brng**	burdensome	**brdnsm**
bringing	**brngng**	bureau	**bwro**
broach	**brwch**	burglar	**brglr**
broached	**brwchd**	burglary	**brglry**
broaching	**brwchg**	buried	**buryd**
broad	**brwd**	burying	**buryg**
broaden	**brwdn**	burlesque	**brlsq**
broadest	**brwdst**	burrow	**burw'**
broadcast	**brwdcst**	bursar	**brsr**
broadcasting	**brwdcstg**	bursary	**brsry**
broadcaster	**brwdcstr**	busier	**bzyr**
broadside	**brwdsd**	busiest	**bzyst**
brochure	**broshr**	busily	**bzly**
broke	**brok**	business	**bznz**
broken	**brokn**	businessman	**bznzmn**
broker	**brokr**	businessmen	**bznzmn'**
broking	**brokg**	businesswoman	**bznzwmn**
brought	**brawt**	businesswomen	**bznzwmn'**
browse	**browz**	busy	**bzy**
browsing	**browzg**	busybody	**bzybdy**
bruise	**brwz**	but	**bt**
bruising	**brwzg**	butcher	**bwchr**
brutal	**brwtl**	butter	**butr**
brutality	**brwtlty**	button	**butn**
brutalise	**brwtlz**	buy	**by**
brutalisation	**brwtlzn**	buyer	**byr**
bucket	**bukt**	buying	**byg**
budget	**bujt**	buyout	**byot**
budgeted	**bujtd**	by	**bi**
budgeting	**bujtg**		
build	**bld**		
builder	**bldr**	# Cc	
building	**bldg**		
buildup	**bldup**	cabbage	**cbj**
bulletin	**bwltn**	cabin	**cbn**
built	**blt**	cabinet	**cbnt**
bullion	**bwlyn**	cablegram	**cblgrm**
buoy	**bwy**	cable	**cbl**
buoyant	**bwnt**	cadet	**cdt**
buoyancy	**bwnzy**	caesarean	**zsryn**
burden	**brdn**	calamity	**clmty**
burdened	**brdnd**	calamitous	**clmtwz**
burdening	**brdng**	calculable	**clclbl**

calculate	**clclht**	capitulating	**cptlhtg**
calculated	**clclhtd**	capitulation	**cptlhzn**
calculator	**clclhtr**	capsize	**cpsz**
calculation	**clclhzn**	capsizing	**cpszg**
calculations	**clcs**	captor	**cptr**
calculative	**clclhtv**	capture	**cptur**
calendar	**clndr**	capturing	**cpturng**
call	**cl**	caravan	**crvn**
called	**cld**	carcass	**crcz**
caller	**clr'**	card	**crd**
calling	**clg**	cardboard	**crdbrd**
camera	**cmra**	cardiograph	**crdygrf**
camp	**cmp**	cardigan	**crdgn**
campaign	**cmpn**	cardinal	**crdnl**
campaigning	**cmpng**	cardiogram	**crdygrm**
camping	**cmpg**	caricature	**crctur**
camera	**cmra**	care	**cr**
can	**cn**	career	**cryr**
cancel	**cnsl**	careful	**crfl**
cancellation	**cnslhzn**	carefully	**crfuly**
cancelled	**cnsld**	caring	**crng**
cancelling	**cnslg**	careless	**crls**
candidate	**cnddt**	carelessness	**crlsnz**
cannot	**cnt**	caretaker	**crtkr**
cantankerous	**cntnkrwz**	cargo	**crgo**
canvas	**cnvz**	carnation	**crnhzn**
canvassing	**cnvzg**	carnival	**crnvl**
capability	**cpblty**	carniverous	**crnvrwz**
capable	**cpbl**	carpark	**crprk**
capacious	**cpshz**	carpenter	**crpntr**
capacity	**cpzty**	carpet	**crpt**
capital	**cptl**	cartridge	**crtrj**
capitalise	**cptlz**	carriage	**crhj**
capitalising	**cptlzg**	carousel	**crwsl**
capitalisation	**cptlzn**	carry	**cary**
capitation	**cptzn**	carried	**caryd**
captain	**cptn**	carrier	**caryr**
captation	**cptzn**	carrying	**caryg**
captivate	**cptvt**	carton	**crtn'**
captivation	**cptvzn**	cartoon	**crtwn**
caption	**cpn**	cascade	**cscd**
captive	**cptv**	cascading	**cscdg**
capitulate	**cptlht**	case	**cs**

casing	csg	ceaseless	zysls
cash	csh	ceased	zysd
cashed	cshd	ceasing	zysg
cashier	cshr	ceiling	zlng
cashing	cshg	celebrate	slbrht
cashmere	cshmr	celebrating	slbrhtg
casserole	csrol	celebration	slbrhzn
cassette	czt	celebrity	slbrty
castle	czl	celestial	slstyl
casual	czwl	cellar	zlr
casually	czwly	cellular	zlwlr
casualty	czwlty	cement	zmnt
casting	castg	cementation	zmntzn
catalyst	ctlst	cemetery	zmtry
catalogue	ctlog	censor	snsor
cataloguing	ctlogng	censorship	snsorshp
catamaran	ctmrhn	censure	snzr
catch	cach	censuring	snzrng
catching	cachg	census	snsus
catastrophy	ctstrofy	centenary	sntnry
catastrophic	ctstrofc	centimetre	sntmtr
categorical	ctgorcl	central	sntrl
category	ctgory	centralisation	sntrlzn
cater	catr	centralise	sntrlz
catering	catrng	centralising	sntrlzg
cattle	catl	centre	sntr
caught	cawt	centrifugal	sntrfwgl
cauliflower	clflwr	century	sntwry
cause	cz	ceremonial	srmnyl
causation	czsn	ceremonious	srmnyz
causative	cztv	ceremony	srmny
cause	cz	certain	srtn
caused	czd	certainly	srtnly
causing	czg	certainty	srtnty
caution	czn	certify	srtfy
cautionary	cznry	certifiable	srtfybl
cautious	cshz	certificate	srtfct
cautiously	cshzly	certification	srtfczn
cave	cv	certified	srtfd
caveat	cvyt	certifying	srtfyg
cavalcade	cvlcd	cessation	zszn
cavalry	cvlry	chain	chn
cease	zys	chaining	chng

chair	chr	charm	chrm
chairman	chrmn	charming	chrmg
chairmanship	chrmnshp	chart	chrt
challenge	chlnj	charter	chrtr
challenger	chlnjr	charting	chrtg
challenging	chlnjg	charterable	chrtrbl
chamber	chmbr	chartering	chrtrng
chambermaid	chmbrmd	chase	chas
chamberlain	chmbrlhn	chased	chasd
champagne	chmpn	chasing	chasg
champion	chmpyn	chase	chasr
championship	chmpynshp	chaste	chast
chance	chnz	chastise	chastz
chancellor	chnzlr	chastising	chastzg
chancery	chnzry	chastisement	chastzmnt
chandelier	chndlyr	chateau	chatw
change	chnj	chatted	chatd
changeable	chnjbl	chattel	chatl
changed	chnjd	chatting	chatg
changing	chnjg	chauffeur	shwfr
changeover	chnjovr	cheap	chp
channel	chnl	cheaper	chpr
channelled	chnld	cheapest	chpst
channelling	chnlg	cheaply	chply
chapel	chpl	cheapness	chpnz
chaplain	chplhn	chest	chst
chapter	chptr	cheat	cht
character	crctr	cheated	chtd
characterise	crctrz	cheating	chtg
characterising	crctrzg	check	chk
characterisation	crctrzn	checking	chkg
characteristic	crctrstc	checked	chkd
characteristically	crctrstcly	checkout	chkot
charade	chrhd	cheer	chr'
charge	chrj	cheerful	chrfl
chargeable	chrjbl	cheerfully	chrfuly
charged	chrjd	cheerfulness	chrflnz
charging	chrjg	cheerless	chrls
charity	chrty	cheerlessness	chrlsnz
charitable	chrtybl	cheese	chs'
charisma	crzma	cheesecake	chsck
charismatic	crzmtc	chief	chf
charlatan	chrltn	chiefly	chfly

chemical	**cmcl**	citation	**zytzn**
chemist	**cmst**	cite	**zyt**
chemistry	**cmstry**	citing	**zytg**
cheque	**chq**	cited	**zytd**
cherish	**chrsh**	citizen	**ztzn**
cherishing	**chrshg**	citizenship	**ztznshp**
chest	**chst**	city	**zty**
chicken	**chkn**	civic	**svc**
child	**chld**	civil	**svl**
childbirth	**chldbrth**	civilian	**svlyn**
childhood	**chldhwd**	civilisation	**svlzn**
children	**chldrn**	civilise	**svlz**
chimney	**chmny**	civilising	**svlzg**
chocolate	**choclht**	civility	**svlty**
choice	**chwz**	claim	**clm**
choicest	**chwzst**	claimant	**clmnt**
choose	**chws**	claiming	**clmg**
choosing	**chwsg**	clarification	**clrfczn**
chose	**choz**	clarified	**clrfd**
chosen	**chozn**	clarify	**clrfy**
Christmas	**Crzmz**	clarifying	**clrfyg**
chronic	**cronc**	class	**clz**
chronicle	**croncl**	classical	**clzcl**
chronological	**cronljcl**	classification	**clzfczn**
church	**chrch**	classified	**clzfd**
cigar	**zgr**	classifying	**clzfyg**
cigar	**cgr**	classroom	**clzrm**
cigarette	**zgrt**	clause	**clwz**
circulate	**srclht**	clean	**cln**
circulating	**srclhtg**	cleaned	**clnd**
circulation	**srclhzn**	cleaner	**clnr**
circumference	**srcmfrnz**	cleaning	**clng**
circumscribe	**srcmscrb**	cleanse	**clnz**
circumflex	**srcmflx**	cleanser	**clnzr**
circumscribing	**srcmscrbg**	cleansing	**clnzg**
circumscription	**srcmscrpn**	clear	**clr**
circumspect	**srcmspct**	clearer	**clrhr**
circumstance	**srcmstnz**	clearance	**clrnz**
circumstances	**srcms**	clearing	**clrng**
circumstantial	**srcmstnzl**	clemency	**clmnzy**
circumvent	**srcmvnt**	clerical	**clrcl**
circumventing	**srcmvntg**	cleric	**clrc**
circumvention	**srcmvnzn**	clerk	**clrk**

clever	**clvr**	co-operation	**coprhzn**
client	**clynt**	co-operative	**coprhtv**
clientele	**clyntl**	co-ordinate	**cordnht**
climate	**clymt**	co-ordinating	**cordnhtg**
climb	**clym**	co-ordination	**cordnhzn**
climbing	**clymg**	co-ordinator	**cordnhtr**
climbed	**clymd**	co-partnership	**coprtnrshp**
climber	**clymr**	co-respondent	**corspndnt**
clipped	**clipd**	coat	**ct**
clipping	**clipg**	coated	**ctd**
clinic	**clnc**	coating	**ctg**
clinical	**clncl**	coefficient	**cwfznt**
cloak	**clwk**	coerce	**cwrz**
cloakroom	**clwkrm**	coercion	**cwrzn**
clock	**clok**	coexist	**cwxst**
clocked	**clokd**	coexistence	**cwxstnz**
clocking	**clokg**	coextensive	**cwxtnzv**
close	**cloz**	coffin	**cofn**
closed	**clozd**	coffee	**cofy**
closing	**clozg**	cogitate	**cojtt**
closely	**clozly**	cogitating	**cojttg**
clothe	**clwth**	cogitation	**cojtzn**
clothing	**clwthg**	cognate	**cgnht**
cloud	**clwd**	cognisance	**cgnznz**
coal	**col**	cognition	**cgnzn**
coarse	**cors**	cohabit	**cohbt**
coast	**cwst**	cohabitation	**cohbtzn**
coastguard	**cwstgrd**	cohabiting	**cohbtg**
coalesce	**cwls**	cohere	**cohr**
coalescence	**cwlsnz**	cohering	**cohrng**
coalition	**cwlzn**	coherent	**cohrnt**
coach	**cwch'**	cohesion	**cohzn**
code	**cwd**	cohesive	**cohzv**
coded	**cwdd**	coincide	**cwnsd**
coding	**cwdg**	coincidence	**cwnsdnz**
coin	**cwn**	coincidental	**cwnsdntl**
coinage	**cwnj**	coinciding	**cwnsdg**
co-limited	**c'l**	collaborate	**clbhrt**
co-equal	**cwql**	collaborating	**clbrhtg**
co-director	**codrctr**	collaboration	**clbrhzn**
co-operate	**coprht**	collaborator	**clbrhtr**
co-operated	**coprhtd**	collapse	**clapz**
co-operating	**coprhtg**	collapsing	**clapzg**

collapsible	**clapzbl**	combine	**cmbn**
collar	**colr'**	combining	**cmbng**
collate	**clht**	come	**cm**
collated	**clhtd**	coming	**cmg**
collating	**clhtg**	come-about	**cmabwt**
collateral	**clhtrl**	come-back	**cmbk**
collation	**clhzn**	come-down	**cmdwn**
colleague	**clyg**	comedian	**cmdyn**
collect	**clct**	comedy	**cmdy**
collecting	**clctg**	comfort	**cmft**
collection	**clcn**	comforted	**cmftd**
collective	**clctv**	comfortable	**cmftbl**
collector	**clctr**	comforting	**cmftg**
college	**clj**	comfortably	**cmftbly**
collegiate	**cljyt**	comic	**cmc**
collide	**clyd**	comical	**cmcl**
collided	**clydd**	command	**cmand**
colliding	**clydg**	commanding	**cmandg**
collision	**clzn**	commandment	**cmandm**
collonade	**colnhd**	commemorate	**cmmrht**
colloquial	**cloqyl**	commemorating	**cmmrhtg**
colloquialism	**cloqylsm**	commemoration	**cmmrhzn**
colloquy	**cloqy**	commence	**cmnz**
collude	**clud**	commenced	**cmnzd**
colluding	**cludg**	commencement	**cmnzmnt**
column	**colm**	commencing	**cmnzg**
collusion	**cluzn**	commend	**cmnd**
colonel	**clnl**	commendable	**cmndbl**
colonial	**clonyl**	commendation	**cmndzn**
colonise	**colnz**	commendable	**cmndbl**
colonising	**colnzg**	commensurability	**cmnzrblty**
colonisation	**colnzn**	commensurable	**cmnzrbl**
colony	**colny**	commensurate	**cmnzrht**
colossal	**closl**	comment	**cmnt**
colour	**colr**	commentary	**cmntry**
coloured	**colrd**	commentate	**cmntt**
colouring	**colrng**	commentating	**cmnttg**
comb	**cmb**	commentator	**cmnttr**
combed	**cmbd**	commerce	**cmrz**
combing	**cmbg**	commercial	**cmrzl**
combat	**cmbat**	commercialisation	**cmrzlzn**
combatant	**cmbatnt**	commercialise	**cmrzlz**
combination	**cmbnhzn**	commercialised	**cmrzlzd**

commercialising	cmrzlzg	companionship	cmpnynshp
commercially	cmrzly	comparable	cmprhbl
commiserate	cmzrht	comparative	cmprhtv
commiserating	cmzrhtg	comparatively	cmprhtvly
commiseration	cmzrhzn	compare	cmpr
commission	cmzn	compared	cmprd
commissioned	cmznd	comparing	cmprng
commissionaire	cmznhr	comparison	cmprzn
commisioner	cmznr	compartment	cmprtm
commissioning	cmzng	compartmental	cmprtmntl
commit	cmt	compartmentalise	cmprtmntlz
committing	cmtg	compartmentalising	cmprtmntlzg
committed	cmtd	compartmentalisation	cmprtmntlzn
commitment	cmtm	compass	cmps
committal	cmtl	compassion	cmpazn
committable	cmtbl	compassionate	cmpaznht
committee	cmty	compatibility	cmpatblty
commodious	cmodyz	compatible	cmpatbl
commodity	cmodty	compel	cmpl
common	cmn	compelled	cmpld
commonplace	cmnplaz	compelling	cmplg
Commonwealth	Cmnwlth	compendium	cmpndym
commotion	cmozn	compensate	cmpnzt
communal	cmwnl	compensation	cmpnzn
communally	cmwnly	compensating	cmpnztg
communicable	cmwncbl	compere	cmpr'
communicate	cmwnct	compering	cmprng'
communicating	cmwnctg	compete	cmpt
communication	cmwnczn	competing	cmptg
communicative	cmwnctv	competence	cmptnz
communism	cmwnsm	competent	cmptnt
communist	cmwnst	competently	cmptntly
community	cmwnty	competition	cmptzn
commute	cmwt	competitive	cmptv
commuter	cmwtr	competitiveness	cmptvnz
commuting	cmwtg	competitor	cmptr
compacted	cmpactd	compilation	cmplhzn
compaction	cmpacn	compile	cmpyl
company	cmpny	compiled	cmpyld
company	co'	compiling	cmpylg
company's	co's	complacent	cmplaznt
companion	cmpnyn	complacency	cmplaznzy
companionable	cmpnybl	complain	cmpln

complaining	**cmplng**	compromise	**cmpromz**
complaint	**cmplnt**	compromisation	**cmpromzn**
complement	**cmplmnt'**	compromising	**cmpromzg**
complemental	**cmplmntl'**	compulsion	**cmpulzn**
complementary	**cmplmntry'**	compulsive	**cmpulzv**
complete	**cmplt**	compulsory	**cmpulsry**
completely	**cmpltly**	comptometer	**cmptomtr**
completing	**cmpltg**	compunction	**cmpuncn**
completion	**cmplzn**	comptroller	**cmptrolr**
complex	**cmplx**	computation	**cmpwtzn**
complexion	**cmplxn**	compute	**cmpwt**
compliance	**cmplynz**	computer	**cmpwtr**
compliant	**cmplynt**	computing	**cmpwtg**
complicate	**cmplct**	computational	**cmpwtznl**
complicating	**cmplctg**	computerised	**cmpwtrzd**
complication	**cmplczn**	computerising	**cmpwtrzg**
compliment	**cmplmnt**	computerisation	**cmpwtrzn**
complimenting	**cmplmntg**	comrade	**cmrhd**
complimentary	**cmplmntry**	comradship	**cmrhdshp**
comply	**cmply**	conceal	**cnzl**
complying	**cmplyg**	concealing	**cnzlg**
compliance	**cmplynz**	concealment	**cnzlm**
compliant	**cmplynt**	concede	**cnzd**
component	**cmponnt**	conceded	**cnzdd**
compose	**cmpz**	conceding	**cnzdg**
composer	**cmpzr**	conceit	**cnzt**
composing	**cmpzg**	conceivable	**cnzvbl**
composition	**cmpzn**	conceiving	**cnzvg**
composite	**cmpzt**	conceivably	**cnzvbly**
compound	**cmpwnd**	concentrate	**cnsntrht**
compounded	**cmpwndd**	concentrating	**cnsntrht**g
compounding	**cmpwndg**	concentration	**cnsntrhz**n
comprehend	**cmprhnd**	concept	**cnzpt**
comprehending	**cmprhndg**	conception	**cnzpn**
comprehensible	**cmprhnzbl**	conceptual	**cnzptwl**
comprehension	**cmprhnzn**	concern	**cnsrn**
comprehensive	**cmprhnzv**	concerning	**cnsrng**
compress	**cmprs**	concert	**cnsrt**
compressed	**cmprsd**	concerted	**cnsrtd**
compressing	**cmprsg**	concession	**cnzsn**
compression	**cmprsn**	concessionaire	**cnzsnhr**
comprise	**cmprz**	concessionary	**cnzsnry**
comprising	**cmprzg**	concessive	**cnzsv**

concile	cnzyl	condolence	cndolnz
conciliate	cnzlyt	condominium	cndmnym
conciliation	cnzlyzn	condone	cndon
conciliatory	cnzlytry	condoning	cndong
concise	cnsz	conducive	cndwzv
concisely	cnszly	conduct	cnduct
conclamation	cnclmzn	conducting	cnductg
conclude	cnclwd	conductor	cnductr
conclude	cncld	confection	cnfcn
concluded	cnclwdd	confectionery	cnfcnry
concluded	cncldd	confectioner	cnfcnr
concluding	cnclwdg	confederacy	cnfdrzy
concluding	cncldg	confederal	cnfdrl
conclusion	cnclwzn	confederate	cnfdrht
conclusion	cnclzn	confederation	cnfdrhzn
conclusive	cnclwzv	confer	cnfr
conclusive	cnclzv	conference	cnfrnz
concomitant	cncmtnt	conferred	cnfrd
concourse	cncorz	conferring	cnfrng
concrete	cncrt	confess	cnfz
concreting	cncrtg	confessed	cnfzd
concur	cncr	confessing	cnfzg
concurred	cncrd	confide	cnfd
concurring	cncrng	confided	cnfdd
concurrence	cncrnz	confidence	cnfdnz
concurrent	cncrnt	confident	cnfdnt
concurrently	cncrntly	confidential	cnfdnzl
concussion	cncuzn	confidentiality	cnfdnzlty
condemn	cndm	confidentially	cnfdnzly
condemnation	cndmnhzn	confiding	cnfdg
condemning	cndmg	configuration	cnfgrhzn
condensation	cndnzn	confine	cnfn
condense	cndnz	confining	cnfng
condensing	cndnzg	confinement	cnfnm
condescend	cndsnd	confirm	cnfhm
condescending	cndsndg	confirm	cnfrm
condescended	cndsndd	confirming	cnfhmg
condescension	cndsnzn	confirming	cnfrmg
condition	cndzn	confirmation	cnfhmzn
conditional	cndznl	confirmation	cnfrmzn
conditionally	cndznly	confiscate	cnfsct
conditioning	cndzng	confiscated	cnfsctd
conditioner	cndznr	confiscation	cnfsczn

confiscating	cnfsctg	conjunction	cnjuncn
conflagration	cnflagrhzn	conjure	cnjr
conflict	cnflct	conjurer	cnjrhr
conflicting	cnflctg	conjuration	cnjrhzn
confliction	cnflcn	connect	cnct
conform	cnfm	connecting	cnctg
conforming	cnfmg	connection	cncn
conformation	cnfmzn	connive	cnyv
conformer	cnfmr	conniving	cnyvg
conformity	cnfmty	connivance	cnyvnz
confound	cnfwnd	connoisseur	cnwsr
confounded	cnfwndd	connotate	cnott
confounding	cnfwndg	connotation	cnotzn
confront	cnfrnt	connotative	cnottv
confrontational	cnfrntznl	connote	cnot
confronted	cnfrntd	connubial	cnwbyl
confronting	cnfrntg	conquer	cnqr
confuse	cnfwz	conquering	cnqrng
confusing	cnfwzg	conqueror	cnqrhr
confusion	cnfwzn	conquest	cnqst
congeal	cnjl	consanguineous	cnsngwnyz
congenial	cnjnyl	conscience	cnshnz
congested	cnjstd	conscientious	cnzynshz
congestion	cnjstn	conscientiously	cnzynshzly
congesting	cnjstg	conscientiousness	cnzynshznz
conglomerate	cnglomrht	conscious	cnshz
conglomeration	cnglomrhzn	consciously	cnshzly
congratulate	cngrtlht	consciousness	cnshznz
congratulating	cngrtlhtg	conscribe	cnscrb
congratulation	cngrtlhzn	conscribing	cnsrcbg
congregate	cngrgt	conscription	cnscrpn
congregating	cngrgtg	consecutive	cnscwtv
congregation	cngrgzn	consecutively	cnscwtvly
congress	cngrz	consecrate	cnscrht
congressional	cngrznl	consecration	cnscrhzn
congruous	cngrwz	consecrating	cnscrhtg
congruity	cngrwty	consensus	cnsnzs
conjecture	cnjctur	consent	cnsnt
conjecturing	cnjcturng	consented	cnsntd
conjoin	cnjwn	consenting	cnsntg
conjoint	cnjwnt	consequence	cnsqnz
conjointly	cnjwntly	consequent	cnsqnt
conjugal	cnjwgl	consequentially	cnsqnzly

conservation	cnsrvzn	constitutional	cnstwznl
conservationist	cnsrvznst	constituent	cnstwnt
conservative	cnsrvtv	constitute	cnstwt
conserve	cnsrv	constituting	cnstwtg
conserved	cnsrvd	constitution	cnstwzn
conserving	cnsrvg	constitutional	cnstwznl
consider	cnsdr	constitutionally	cnstwznly
considerable	cnsdrbl	constitutive	cnstwtv
considerably	cnsdrbly	constrain	cnstrhn
considerate	cnsdrht	constraining	cnstrhng
consideration	cnsdrhzn	constraint	cnstrhnt
considered	cnsdrd	constrict	cnstrct
considering	cnsdrng	constricting	cnstrctg
consign	cnsn	constriction	cnstrcn
consigned	cnsnd	construct	cnstruct
consigning	cnsng	constructing	cnstructg
consignee	cnsny	construction	cnstrucn
consignment	cnsnm	constructive	cnstructv
consignor	cnsnr	construe	cnstrw
consist	cnsst	construing	cnstrwng
consisted	cnsstd	consulate	cnzlht
consistency	cnsstnzy	consult	cnsult
consistent	cnsstnt	consulting	cnsultg
consisting	cnsstg	consultation	cnsultzn
console	cnsol	consultant	cnsultnt
consoling	cnsolg	consume	cnzm
consolidate	cnzoldt	consuming	cnzmg
consolidating	cnzoldtg	consumption	cnzmpn
consolidation	cnzoldzn	contact	cntct
consortium	cnsortym	contactable	cntctbl
conspicuous	cnspcwz	contacting	cntctg
conspicuously	cnspcwzly	contagious	cntjyz
conspiracy	cnsprhzy	contain	cntn
conspirator	cnsprhtr	container	cntnr
conspire	cnspr	containerise	cntnrz
conspiring	cnsprng	containerising	cntnrzg
constable	cnstbl	containerisation	cntnrzn
constabulary	cnstblry	containing	cntng
constant	cnstnt	contaminate	cntmnht
constantly	cnstntly	contaminating	cntmnhtg
constellation	cnstlhzn	contamination	cntmnhzn
consternation	cnstrnhzn	contango	cntngo
constituency	cnstwnzy	contemplate	cntmplht

contemplating	cntmplhtg	contraption	cntrapn
contemplation	cntmplhzn	contrary	cntrhry
contemporaneous	cntmprnyz	contravention	cntrvnzn
contemporary	cntmprhry	contravene	cntrvn
contempt	cntmpt	contravening	cntrvng
contemptible	cntmptbl	contribute	cntrbwt
contemptuous	cntmptwz	contributed	cntrbwtd
contemptuously	cntmptwzly	contributing	cntrbwtg
contend	cntnd'	contribution	cntrbwzn
contender	cntndr	contributor	cntrbwtr
contending	cntndg	contributory	cntrbwtry
content	cntnt	contrite	cntryt
contented	cntntd	contrition	cntrzn
contention	cntnzn	contrivance	cntrvnz
contentment	cntntm	contrive	cntrv
contest	cntst	contriving	cntrvg
contesting	cntstg	control	cntrl
contestant	cntstnt	controllable	cntrlbl
context	cntxt	controller	cntrlr
contiguous	cntgwz	controlling	cntrlg
continent	cntnnt	controversial	cntrvrzl
continental	cntnntl	controversy	cntrovrzy
contingency	cntnjnzy	contumely	cntwmly
contingent	cntnjnt	conurbation	cnrbzn
continual	cntnwl	convalesce	cnvls
continually	cntnwly	convalescent	cnvlsnt
continuance	cntnwnz	convection	cnvcn'
continuous	cntnwz	convene	cnvn
continuation	cntnwzn	convened	cnvnd
continue	cntnw	convenor	cnvnr
continuing	cntnwng	convenience	cnvnynz
continuity	cntnwty	convenient	cnvnynt
continuously	cntnwzly	conveniently	cnvnyntly
contortion	cntorzn	convening	cnvng
contraception	cntrzpn	convention	cnvnzn
contract	cntrct	conventional	cnvnznl
contracting	cntrctg	converge	cnvrj
contractor	cntrctr	converging	cnvrjg
contractual	cntrctwl	conversant	cnvrznt
contractually	cntrctwly	conversation	cnvrzsn
contradict	cntrdct	conversational	cnvrzsnl
contradiction	cntrdcn	converse	cnvrz
contradicting	cntrdctg	conversing	cnvrzg

conversion	cnvrzn	correction	crcn
convert	cnvrt	corrective	crctv
convertible	cnvrtbl	correctly	crctly
converting	cnvrtg	correlate	crlht
convex	cnvx	correlating	crlhtg
convey	cnvy	correlation	crlhzn
conveyance	cnvynz	correspond	crspnd
conveyancing	cnvynzg	correspondence	crspndnz
conveying	cnvyg	correspondent	crspndnt
convict	cnvct	corresponding	crspndg
convicting	cnvctg	corridor	crdr
conviction	convcn	corroborate	crobrht
convince	cnvnz	corroborating	crobrhtg
convincing	cnvnzg	corroboration	crobrhzn
convivial	cnvvyl	corroborative	crobrhtv
convolve	cnvolv	corrode	crod
convolution	cnvlwzn	corroding	crodg
convoy	cnvoy	corrosion	crozn
convulsion	cnvulzn	corrosive	crozv
cook	cwk	corrugate	crwgt
cooker	cwkr	corrugating	crwgtg
cooking	cwkg	corrugation	crwgzn
cookery	cwkry	corrupt	crupt
cool	cwl	corrupting	cruptg
cooler	cwlr	corruption	crupn
cooling	cwlg	cosmetic	csmtc
copied	cpyd	cost	cst
copy	cpy	costing	cstg
copier	cpyr	costly	cstly
copying	cpyg	costume	cstwm
copyright	cpyryt	cottage	cotj
copywriter	cpywrtr	cotton	cotn
cordial	crdyl	couch	cwch
cordiality	crdylty	couching	cwchg
coroner	cronr	could	cd
coronary	cronry	council	cwnzl
corner	crnr	councillor	cwnzlr
corporal	crprhl	counsel	cwnsl
corporate	crphrt	counsellor	cwnslr
corporating	crprhtg	count	cwnt
corporation	crprhzn	counting	cwntg
correct	crct	counter	cwntr
correcting	crctg	counteract	cwntrct

counteracting	**cwntrctg**	create	**cryt**
counteraction	**cwntrcn**	creating	**crytg**
counterclaim	**cwntrclm**	creation	**cryzn**
counterclaiming	**cwntrclmg**	creative	**crytv**
counterfeit	**cwntrft**	creativity	**crytvty**
counterfoil	**cwntrfwl**	creator	**crytr**
countering	**cwntrng**	credence	**crdnz**
countermand	**cwntrmnd**	credential	**crdnznl**
counterpart	**cwntrprt**	credible	**crdbl**
countersign	**cwntrsgn**	credibility	**crdblty**
countless	**cwntls**	credit	**crdt**
country	**cntry**	credited	**crdtd**
countryside	**cntrysd**	crediting	**crdtg**
county	**cwnty**	creditor	**crdtr**
couple	**cpl**	creditworthy	**crdtwrthy**
coupon	**cwpn**	credulous	**crdwlz**
courage	**crj**	crew	**crw**
courageous	**crjyz**	cried	**cryd**
courier	**cryr**	crying	**cryg**
course	**crz**	crime	**crym**
court	**crt**	criminal	**crmnl**
courteous	**crtyz**	criteria	**crytra**
courtesy	**crtzy**	criterion	**crytryn**
covenant	**cvnant**	crisis	**cryss**
cover	**cvr**	critic	**crtc**
coverage	**cvrhj**	critical	**crtcl**
covering	**cvrng**	criticise	**crtsz**
covert	**cvrt**	criticised	**crtszd**
covet	**cvt**	criticising	**crtszg**
covetous	**cvtwz**	criticism	**crtszm**
coward	**cwrd'**	crystal	**crstl**
cowardly	**cwrdly**	crockery	**crokry**
cowardice	**cwrdz**	crocodile	**crocdl**
crack	**crak**	cross	**croz**
cracking	**crakg**	cross-examination	**crozxmnhzn**
craft	**crft**	cross-examine	**crozxmn**
craftsman	**crftsmn**	cross-over	**crozovr**
crashing	**crashg**	crossroad	**crozrd**
craving	**cravg**	cross-section	**crozscn**
cream	**crm**	crossword	**crozwrd**
creamery	**crmry**	crowded	**crowdd**
creamier	**crmyr**	crowding	**crowdg**
creaming	**crmg**	crowning	**crowng**

crucial	**crwzl**	current	**crnt**
crude	**crwd**	currency	**crnzy**
cruel	**crwl**	currently	**crntly**
cruelly	**crwly**	cursor	**crsr**
cruelty	**crwlty**	curtail	**crtl**
cruise	**crwz**	curtailing	**crtlg**
cruiser	**crwzr**	curtailment	**crtlm**
cruising	**crwzg**	curtain	**crtn**
crushing	**crushg**	curtaining	**crtng**
cube	**cwb**	curve	**crv**
cubic	**cwbc**	curving	**crvg**
cubicle	**cwbcl**	cushion	**cshn**
cucumber	**cwcmbr**	cushioning	**cshng**
culinary	**culnry**	custody	**cstdy**
culminate	**culmnht**	custodian	**cstdyn**
culminating	**culmnhtg**	custom	**cstm**
culmination	**culmnhzn**	customary	**cstmry**
culpable	**culpbl**	customer	**cstmr**
cultivate	**cultvt**	customise	**cstmz**
cultivating	**cultvtg**	cutback	**cutbk**
cultivation	**cultvzn**	cutter	**cutr**
cultural	**cultrl**	cutting	**cutg**
culture	**cultr**	cycle	**sycl**
cumber	**cmbr**	cyclical	**zclcl**
cumbersome	**cmbrsm**	cyclist	**syclst**
cumbrous	**cmbrwz**	cynic	**znc**
cumulative	**cmlhtv**	cynical	**zncl**
cupboard	**cpbrd**	cynicism	**znszm**
curable	**cwrbl**		
curate	**cwrht**		
curative	**cwrtv**		

Dd

curb	**crb**		
curbing	**crbg**	daily	**dly**
cure	**cwr**	dairy	**dhry**
cured	**cwrd'**	damage	**dmj**
curing	**cwrng**	damaging	**dmjg**
curfew	**crfw**	dance	**danz**
curricula	**crcwla**	dancer	**danzr**
curriculum	**crcwlm**	dancing	**danzg**
curriculum vitae	**crcwlmvta**	danger	**dnjr**
curiousity	**cwryzty**	dangerous	**dnjrwz**
curious	**cwryz**	dangerously	**dnjrwzly**
currant	**crnt'**	dare	**dhr**

dark	**drk**	debited	**dbtd**
darkness	**drknz**	debiting	**dbtg**
darling	**drlg**	debt	**det**
data	**dta**	debtor	**detr**
database	**dtabz**	decade	**dcad**
date	**dt**	decadent	**dcadnt**
dated	**dtd**	decay	**dcy**
dating	**dtg**	decayed	**dcyd**
daughter	**dawtr**	decaying	**dcyg**
daunting	**dwntg**	decease	**dzys**
day	**dy**	deceasing	**dzysg**
daylight	**dylyt**	deceit	**dzt**
daytime	**dytym**	deceitful	**dztfl**
dead	**ded**	deceitfully	**dztfuly**
deaden	**dedn**	deceive	**dzv**
deadline	**dedlyn**	deceiving	**dzvg**
deadening	**dedng**	decelerate	**dslrht**
deadly	**dedly**	decelerating	**dslrhtg**
deadlock	**dedlok**	deceleration	**dslrhzn**
deadweight	**dedwght**	decency	**dznzy**
deaf	**def**	decent	**dznt**
deafened	**defnd**	decently	**dzntly**
deafening	**defng**	decentralisation	**dsntrlzn**
deal	**dl**	decentralise	**dsntrlz**
dealer	**dlr**	decentralising	**dsntrlzg**
dealing	**dlg**	deception	**dzpn**
dealt	**delt**	deceptive	**dzptv**
dear	**d**	decide	**dsd**
dear	**drh**	deciding	**dsdg**
dearer	**drhr**	deciduous	**dzdwz**
dearest	**drst**	decimal	**dzml**
death	**deth**	decimalisation	**dzmlzn**
deathly	**dethly**	decimalise	**dzmlz**
debatable	**dbhtbl**	decimalising	**dzmlzg**
debate	**dbht**	decimate	**dzmt**
debating	**dbhtg**	decimating	**dzmtg**
debated	**dbhtd**	decimation	**dzmzn**
debenture	**dbntur**	decimetre	**dzmtr**
debility	**dblty**	decipher	**dzyfr**
debilitate	**dbltt**	deciphering	**dzyfrng**
debilitating	**dblttg**	decision	**dszn**
debilitation	**dbltzn**	decisive	**dszv**
debit	**dbt**	deck	**dk**

declaration	**dclrhzn**	default	**dfwlt**
declare	**dclr**	defaulting	**dfwltg**
declared	**dclrd**	defeat	**dft**
declaring	**dclrng**	defeating	**dftg**
declension	**dclnzn**	defect	**dfct**
decline	**dcln**	defecting	**dfctg**
declining	**dclng**	defection	**dfcn**
declination	**dclnhzn**	defective	**dfctv**
decompose	**dcmpz**	defend	**dfnd**
decomposition	**dcmpzn**	defending	**dfndg**
decontrol	**dcntrl**	defendant	**dfndnt**
decontrolling	**dcntrlg**	defensive	**dfnzv**
decor	**dcr**	defer	**dfr**
decorate	**dcrht**	deference	**drnz**
decorating	**dcrhtg**	deferential	**dfrnzl**
decorator	**dcrhtr**	deferment	**dfrmnt**
decorous	**dcrwz**	deferring	**dfrng**
decrease	**dcrz**	defiance	**dfynz**
decreasing	**dcrzg**	defiant	**dfynt**
dedicate	**ddct**	deficiency	**dfznzy**
dedicating	**ddctg**	deficient	**dfznt**
dedication	**ddczn**	deficit	**dfzt**
deduce	**ddwz**	defile	**dfyl**
deducing	**ddwzg**	defiling	**dfylg**
deduct	**dduct**	defilement	**dfylm**
deducting	**dductg**	defiliation	**dflyzn**
deduction	**dducn**	definable	**dfynbl**
deductible	**dductbl**	define	**dfyn**
deed	**ddh**	defining	**dfyng**
deed	**dd'**	definite	**dfnt**
deem	**dm**	definitely	**dfntly**
deeming	**dmg**	definition	**dfnzn**
deep	**dp**	definitive	**dfntv**
deeper	**dpr**	deflate	**dflht**
deeply	**dply**	deflating	**dflhtg**
deepest	**dpst**	deflationary	**dflhznry**
deface	**dfs**	deflect	**dflct**
defacement	**dfsmnt**	deflection	**dflcn**
defacing	**dfsg**	deform	**dfm**
defalcate	**dfalct**	deformation	**dfmzn**
defalcation	**dfalczn**	deforming	**dfmg**
defamation	**dfhmzn**	defraud	**dfrwd**
defamatory	**dfhmtry**	defrauding	**dfrwdg**

defray	**dfry**	delightful	**dlytfl**
defraying	**dfryg**	delightfully	**dlytfuly**
defrayment	**dfrym**	delineate	**dlnyt**
defy	**dfy**	delineating	**dlnytg**
defying	**dfyg**	delineation	**dlnyzn**
degearing	**dgrng**	delinquency	**dlnqnzy**
degenerate	**djnrht**	delinquent	**dlnqnt**
degeneration	**djnrhzn**	delirious	**dlryz**
degradation	**dgradzn**	deliver	**dlvr**
degrade	**dgrad**	delivery	**dlvry**
degrading	**dgradg**	delude	**dlwd**
degree	**dgry**	deluge	**dlwj**
degress	**dgrz**	delusion	**dlwzn**
degressing	**dgrzg**	deluding	**dlwdg**
degression	**dgrzn**	demagogue	**dmgog**
deity	**dyty**	demand	**dmand**
dehabilitate	**dhbltt**	demanded	**dmandd**
dehabilitating	**dhblttg**	demanding	**dmandg**
dehabilitation	**dhbltzn**	demarcation	**dmrczn**
deject	**djct**	democracy	**dmocrzy**
dejected	**djctd**	democratic	**dmocrtc**
dejecting	**djctg**	democrat	**dmocrt**
dejection	**djcn**	demean	**dmn**
del credere	**dlcrdr**	demeaning	**dmng**
delay	**dlhy**	demeanour	**dmnwr**
delayed	**dlhd**	demented	**dmntd**
delaying	**dlhyg**	demise	**dmz**
delectable	**dlctbl**	demolish	**dmolsh**
delegate	**dlgt**	demolishing	**dmolshg**
delegating	**dlgtg**	demolition	**dmolzn**
delegation	**dlgzn**	demonstrate	**dmnstrht**
delete	**dlt**	demonstrating	**dmnstrhtg**
deleting	**dltg**	demonstration	**dmnstrhzn**
deleted	**dltd**	demonstrator	**dmnstrhtr**
deletion	**dlzn**	demonstrative	**dmnstrhtv**
deleterious	**dltryz**	demonetise	**dmontz**
deliberate	**dlbrht**	demonetising	**dmontzg**
delibrately	**dlbrhtly**	demonetisation	**dmontzn**
deliberation	**dlbrhzn**	demote	**dmot**
delicacy	**dlczy**	demoting	**dmotg**
delicate	**dlct**	demotion	**dmozn**
delicious	**dlshz**	demurrage	**dmrhj**
delight	**dlyt**	denial	**dnyl**

deny	**dny**	deportment	**dportm**
denying	**dnyg**	depose	**dpz**
denominate	**dnomht**	deposing	**dpzg**
denominating	**dnomnhtg**	deposit	**dpzt**
denomination	**dnomhzn**	deposited	**dpztd**
denationalise	**dnznlz**	depositing	**dpztg**
denationalising	**dnznlzg**	deposition	**dpzn**
denationalisation	**dnznlzn**	depositor	**dpztr**
denotation	**dnotzn**	depository	**dpztry**
denotative	**dnottv**	depot	**dpo**
denote	**dnot**	deprave	**dprav**
denoting	**dnotg**	depravity	**dpravty**
denounce	**dnwnz**	deprecate	**dprct**
denounced	**dnwnzd**	deprecating	**dprctg**
denouncing	**dnwnzg**	deprecation	**dprczn**
dental	**dntl**	depreciate	**dprzyt**
dentist	**dntst**	depreciating	**dprzytg**
depart	**dprt**	depreciation	**dprzyzn**
departed	**dprtd**	depredate	**dprdt**
department	**dprtm**	depredating	**dprdtg**
departmental	**dprtmntl**	depredation	**dprdzn**
departmentalise	**dprtmntlz**	depress	**dprs**
departmentalising	**dprtmntlzg**	depressed	**dprsd**
departmentalisation	**dprtmntlzn**	depressing	**dprsg**
departure	**dprtur**	depression	**dprsn**
depend	**dpnd**	depressive	**dprsv**
depending	**dpndg**	deprivation	**dprvzn**
dependable	**dpndbl**	deprive	**dprv**
dependence	**dpndnz**	depriving	**dprvg**
dependency	**dpndnzy**	depth	**dpth**
dependent	**dpndnt**	deputation	**dpwtzn**
deplete	**dplt**	depute	**dpwt**
depleted	**dpltd**	deputing	**dpwtg**
depletion	**dplzn**	deputise	**dpwtz**
deplore	**dplor**	deputising	**dpwtzg**
deplorable	**dplorbl**	deputisation	**dpwtzn**
deploy	**dploy**	deputy	**dpwty**
deploying	**dployg**	deregularise	**drglrz**
depopulate	**dpoplht**	deregularising	**drglrzg**
depopulating	**dpoplhtg**	deregularisation	**drglrzn**
depopulation	**dpoplhzn**	derelict	**drlct**
deportation	**dportzn**	deride	**dryd**
deporting	**dportg**	deriding	**drydg**

derision	**drzn**	desolate	**dzlht**
derisive	**drzv**	desolating	**dzlhtg**
derivation	**drvzn**	desolation	**dzlhzn**
derivative	**drvtv**	despair	**dzpr**
derive	**drv**	despairing	**dzprng**
derived	**drvd**	despatch	**dzpch**
deriving	**drvg**	despatching	**dzpchg**
derogate	**drogt**	despatchment	**dzpchm**
derogating	**drogtg**	desperate	**dzprht**
derogation	**drogzn**	desperately	**dzprhtly**
derogatory	**drogtry**	desperation	**dzprhzn**
descend	**dsnd**	despicable	**dzpcbl**
descendant	**dsndnt**	despise	**dzpz**
descended	**dsndd**	despising	**dzpzg**
descending	**dsndg**	despite	**dspyt**
descent	**dsnt**	dessicant	**dzcnt**
describe	**dzcrb**	dessication	**dzczn**
describing	**dzcrbg**	dessicating	**dzctg**
description	**dzcrpzn**	destination	**dstnhzn**
descriptive	**dzcrptv**	destined	**dstnd**
desecrate	**dzcrht**	destiny	**dstny**
desecrating	**dzcrhtg**	destitute	**dstwt**
desecration	**dzcrhzn**	destitution	**dstwzn**
desert	**dzrt**	destroy	**dstry**
deserting	**dzrtg**	destroying	**dstryg**
desertion	**dzrzn**	destruction	**dstrucn**
deserve	**dsrv**	destructive	**dstructv**
deserving	**dsrvg**	detach	**dtch**
design	**dsgn**	detaching	**dtchg**
design	**dsn**	detachment	**dtchm**
designate	**dsgnht**	detail	**dtl**
designating	**dsgnhtg**	detailing	**dtlg**
designation	**dsgnhzn**	detain	**dtn**
designing	**dsgng**	detained	**dtnd**
designing	**dsng**	detaining	**dtng**
designer	**dsgnr**	detect	**dtct**
designer	**dsnr**	detecting	**dtctg**
desirable	**dzrbl**	detection	**dtcn**
desire	**dzr**	detective	**dtctv**
desiring	**dzrng**	detention	**dtnzn**
desist	**dsst**	deter	**dtr**
desisting	**dsstg**	deteriorate	**dtryrht**
desk	**dsk**	deteriorating	**dtryrhtg**

deterioration	dtryrhzn	devising	dvzg
determent	dtrmnt	devoid	dvwd
determinable	dtrmnbl	devolution	dvlwzn
determinate	dtrmnht	devolve	dvolv
determination	dtrmnhzn	devolving	dvolvg
determinative	dtrmnhtv	devote	dvot
determine	dtrmn	devoting	dvotg
determining	dtrmng	devotion	dvozn
deterrent	dtrnt	devour	dvwr
deterring	dtrng	devouring	dvwrng
detergent	dtrjnt	devout	dvwt
detest	dtst	dexterous	dxtrwz
detestable	dtstbl	dexterity	dxtrty
detestation	dtstzn	diagnose	dygnoz
detesting	dtstg	diagnosing	dygnozg
detonate	dtnht	diagnostic	dygnostc
detonating	dtnhtg	diagnostician	dygnostzn
detonation	dtnhzn	diagram	dygrm
detract	dtract	dial	dyl
detracting	dtractg	dialling	dylg
detraction	dtracn	dialled	dyld
detriment	dtrmnt'	diamond	dymnd
detrimental	dtrmntl	diary	dyry
detour	dtwr	dictaphone	dctfn
Deutschmark	Dwtchmrk	dictate	dctt
devaluate	dvlwt	dictating	dcttg
devalue	dvlw	dictation	dctzn
devaluating	dvlwtg	dictator	dcttr
devaluation	dvlwzn	diction	dcn
devastate	dvastt	dictionary	dcnry
devastating	dvasttg	dictionary	dcznry
devastation	dvastzn	did	dd
develop	dvlp	die	dy'
developing	dvlpg	died	dyd
developer	dvlpr	dieing	dyg
development	dvlpm	diesel	dzl
devil	dvl	diet	dyt
deviate	dvyt	dieting	dytg
deviating	dvytg	dietician	dytzn
deviation	dvyzn	differ	difr
device	dvs	differing	difrng
devious	dvyz	difference	difrnz
devise	dvz	different	difrnt

differential	**difrnzl**	diplomacy	**dplomzy**
differentiate	**difrnzyt**	diplomat	**dplomt**
differentiating	**difrnzytg**	diplomatic	**dplomtc**
differentiation	**difrnzyzn**	dipped	**dipd**
difficult	**dfclt**	dipping	**dipg**
difficulty	**dfclty**	direct	**drct**
diffidence	**dfdnz**	direction	**drcn**
diffident	**dfdnt**	directing	**drctg**
diffuse	**dfwz**	directive	**drctv**
diffusing	**dfwzg**	director	**drctr**
diffusion	**dfwzn**	directorate	**drctrht**
dig	**dg**	directorship	**drctrshp**
digger	**dgr**	directory	**drctry**
digest	**djst**	dirty	**drty**
digesting	**djstg**	disability	**dsablty**
digestible	**djstbl**	disable	**dsabl**
digestion	**djstn**	disabling	**dsablg**
digging	**dgng**	disablement	**dsablm**
digit	**djt**	disadvantage	**dsdvntj**
digital	**djtl**	disadvantageous	**dsdvntjyz**
dignified	**dgnfd**	disagree	**dsgry**
dignity	**dgnty**	disagreeing	**dsgryg**
digress	**dygrz**	disagreeable	**dsgrybl**
digressing	**dygrzg**	disagreement	**dsgrmnt**
digression	**dygrzn**	disallow	**dsalw**
dilapidated	**dlapdtd**	disallowed	**dsalwd**
dilapidating	**dlapdtg**	disallowable	**dsalwbl**
dilapidation	**dlapdzn**	disallowing	**dsalwng**
dilemma	**dlma**	disappear	**dsapr**
diligence	**dljnz**	disappearing	**dsaprng**
diligent	**dljnt**	disappearance	**dsaprnz**
dilute	**dlwt**	disappoint	**dsapnt**
diluting	**dlwtg**	disappointing	**dsapntg**
dilution	**dlwzn**	disappointment	**dsapntm**
dimension	**dmnzn**	disapproval	**dsaprvl**
diminished	**dmnshd**	disapprove	**dsaprv**
diminishing	**dmnshg**	disapproved	**dsaprvd**
diminutive	**dmnwtv**	disapproving	**dsaprvg**
diminution	**dmnwzn**	disarrange	**dsarnj**
dine	**dyn**	disarranging	**dsarnjg**
diner	**dynr**	disarrangement	**dsarnjm**
dining	**dyng**	disassociate	**dsozt**
dinner	**dnr**	disassociating	**dsoztg**

disassociation	**dsozn**	discontinuity	**dscntnwty**
disaster	**dsastr**	discotheque	**dscotq**
disastrous	**dsastrwz**	discount	**dscwnt**
disband	**dsband**	discounting	**dscwntg**
disbanding	**dsbandg**	discountable	**dscwntbl**
disbelief	**dsblf**	discounter	**dscwntr**
disbelieve	**dsblv**	discourage	**dscrj**
disbelieving	**dsblvg**	discouragement	**dscrjm**
disburse	**dsbrz**	discouraging	**dscrjg**
disbursing	**dsbrzg**	discourse	**dscrz**
disbursement	**dsbrzmnt**	discover	**dscvr**
disc	**dsc**	discovering	**dscvrng**
discard	**dscrd**	discovery	**dscvry**
discarding	**dscrdg**	discredit	**dscrdt**
discern	**dsrn**	discreditable	**dscrdtbl**
discerning	**dsrng**	discrediting	**dscrdtg**
discernment	**dsrnm**	discreet	**dscrt**
discharge	**dschrj**	discrepancy	**dscrpnzy**
dischargeable	**dschrjbl**	discretion	**dscrzn**
discharging	**dschrjg**	discretionary	**dscrznry**
disciple	**dzpl**	discriminate	**dscrmnht**
discipline	**dzpln**	discriminating	**dscrmnhtg**
disciplinarian	**dzplnryn**	discrimination	**dscrmnhzn**
disciplinary	**dzplnry**	discursive	**dscrzv**
disclaim	**dsclm**	discuss	**dscuz**
disclaimer	**dsclmr**	discussing	**dscuzg**
disclaiming	**dsclmg**	discussion	**dscuzn**
disclose	**dscloz**	disdain	**dsdn**
disclosing	**dsclozg**	disease	**dzyz**
disclosure	**dsclozr**	diseased	**dzyzd**
discomfort	**dscmft**	disembark	**dsmbrk**
discomforting	**dscmftg**	disembarking	**dsmbrkg**
discomforture	**dscmftur**	disembarkation	**dsmbrkzn**
disconcert	**dscnsrt**	disenchanting	**dsnchntg**
disconcerting	**dscnsrtg**	disenchantment	**dsnchntm**
disconnect	**dscnct**	disencumber	**dsncmbr**
disconnecting	**dscnctg**	disencumbrance	**dsncmbrnz**
disconnection	**dscncn**	disenfranchise	**dsnfranchz**
disconsolate	**dscnzlht**	disengage	**dsngj**
discontent	**dscntnt**	disengaging	**dsngjg**
discontentment	**dscntntm**	disengagement	**dsngjm**
discontinue	**dscntnw**	disfavour	**dsfvr**
discontinuing	**dscntnwng**	disfavouring	**dsfvrng**

disfavourable	**dsfvrbl**	dismay	**dsmy**
disgrace	**dsgraz**	dismayed	**dsmyd**
disgraceful	**dsgrazfl**	dismiss	**dsmz**
disgracefully	**dsgrazfuly**	dismissal	**dsmzl**
disguise	**dsgz**	dismissing	**dsmzg**
disguising	**dsgzg**	disobedient	**dsobdynt**
disgust	**dsgust**	disobedience	**dsobdynz**
disgusting	**dsgustg**	disobey	**dsoby**
dish	**dsh**	disorder	**dsordr**
dishearten	**dshrtn**	disorderly	**dsordrly**
disheartening	**dshrtng**	disorganise	**dsorgnz**
dishonest	**dshnst**	disorganisation	**dsorgnzn**
dishonesty	**dshnsty**	disorganising	**dsorgnzg**
dishonourable	**dshnrbl**	disorientate	**dsoryntt**
dishonouring	**dshnrng**	disorientating	**dsorynttg**
disillusion	**dslwzn**	disorientation	**dsoryntzn**
disillusionment	**dslwznm**	disparity	**dsprty**
disinclination	**dsnclnhzn**	disparage	**dsprhj**
disinclined	**dsnclnd**	disparate	**dsprht**
disincorporate	**dsncrphrt**	dispassionate	**dspaznht**
disinfect	**dsnfct**	dispatch	**dspch**
disinfecting	**dsnfctg**	dispatching	**dspchg**
disinflation	**dsnflhzn**	dispatchment	**dspchm**
disinherit	**dsnhrt**	dispel	**dspl**
disinheriting	**dsnhrtg**	dispensable	**dspnzbl**
disinvest	**dsnvst**	dispensary	**dspnzry**
disinvesting	**dsnvstg**	dispensate	**dspnzt**
disinvestment	**dsnvstm**	dispensation	**dspnzn**
disintegrate	**dsntgrht**	dispense	**dspnz**
disintegrating	**dsntgrhtg**	dispenser	**dspnzr**
disintegration	**dsntgrhzn**	dispensing	**dspnzg**
disinterested	**dsntrstd**	dispersal	**dsprzl**
disinteresting	**dsntrstg**	disperse	**dsprz**
dislike	**dslk**	dispersing	**dsprzg**
disliking	**dslkg**	dispersion	**dsprzn**
dislocate	**dsloct**	displace	**dsplaz**
dislocating	**dsloctg**	displacing	**dsplazg**
dislocation	**dsloczn**	displacement	**dsplazm**
dislodge	**dsloj**	display	**dsply**
dislodging	**dslojg**	displaying	**dsplyg**
dislodgement	**dslojm**	displease	**dspls**
dismantle	**dsmantl**	displeasing	**dsplsg**
dismantling	**dsmantlg**	displeasure	**dsplzr**

disposal	dspzl	dissemble	dzmbl
disposable	dspzbl	dissembling	dzmblg
dispose	dspz	dissension	dsnzn
disposing	dspzg	dissent	dsnt'
disposition	dspzn	dissenting	dsntg
dispossess	dspzs	dissenter	dsntr
dispossessing	dspzsg	dissentient	dsnzynt
dispossession	dspzsn	dissertation	dsrtzn
disproof	dsprwf	dissertate	dsrtt
disprove	dsprv	disserve	dsrv
disproving	dsprvg	disservice	dsrvz
disproportionate	dsproprznht	dissever	dsvr
dispute	dspwt	dissevering	dsvrng
disputing	dspwtg	dissidence	dsdnz
disputable	dspwtbl	dissident	dsdnt
disqualifaction	dsqlfczn	dissimilar	dzmlr
disqualified	dsqlfd	dissimilitude	dzmltwd
disqualify	dsqlfy	dissimulate	dzmlht
disqualifying	dsqlfyg	dissimulation	dzmlhzn
disquiet	dsqyt	dissipate	dzpt
disquieting	dsqytg	dissipating	dzptg
disquietude	dsqytwd	dissipation	dzpsn
disregard	dsrgrd	dissociable	dsozbl
disregarded	dsrgrdd	dissociating	dsoztg
disregarding	dsrgrdg	dissociation	dsozn
disrepair	dsrpr	dissoluble	dzlwbl
disreputable	dsrpwtbl	dissolute	dzlwt
disrepute	dsrpwt	dissolution	dzlwzn
disrespect	dsrspct	dissolve	dsolv
disrespectful	dsrspctfl	dissolving	dsolvg
disrespectfully	dsrspctfuly	dissuade	dswad
disrobe	dsrwb	dissuaded	dswadd
disrobing	dsrwbg	dissuading	dswadg
disrupt	dsrupt	dissuasion	dswazn
disrupting	dsruptg	distance	dstnz
disruption	dsrupn	distant	dstnt
dissatisfaction	dstsfcn	distaste	dstast
dissatisfied	dstsfd	distasteful	dstastfl
dissatsify	dstsfy	distemper	dstmpr
dissatisfying	dstsfyg	distempering	dstmprng
dissatisfactory	dstsfctry	distend	dstnd
dissect	dsct	distending	dtndg
dissection	dscn	distil	dstl

distillate	**dstlht**	diverse	**dvrz**
distillation	**dstlhzn**	diversification	**dvrzfczn**
distiller	**dstlr**	diversified	**dvrzfd**
distillery	**dstlry**	diversify	**dvrzfy**
distinct	**dstnct**	diversifying	**dvrzfyg**
distinctly	**dstnctly**	diversion	**dvrzn**
distinction	**dstncn**	diversity	**dvrzty**
distinctive	**dstnctv**	divert	**dvrt**
distinctively	**dstnctvly**	diverting	**dvrtg**
distinguished	**dstngwshd**	divest	**dvst**
distinguishing	**dstngwshg**	divesting	**dvstg**
distract	**dstract**	divestment	**dvstm**
distracting	**dstractg**	divide	**dvd**
distraction	**dstracn**	dividend	**dvdnd**
distrain	**dstrhn**	dividing	**dvdg**
distraint	**dstrhnt**	divine	**dvn**
distrait	**dstrht**	divisible	**dvzbl**
distraught	**dstrawt**	division	**dvzn**
distress	**dstrz**	divisional	**dvznl**
distressful	**dstrzfl**	divorce	**dvorz**
distressing	**dstrzg**	divorcing	**dvorzg**
distribute	**dstrbwt**	divorcee	**dvorzy**
distributing	**dstrbwtg**	dock	**dok**
distribution	**dstrbwzn**	docker	**dokr**
distributor	**dstrbwtr**	docking	**dokg**
distributorship	**dstrbwtrshp**	doctor	**doctr**
district	**dstrct**	doctrinaire	**doctrnhr**
distrust	**dstrust**	doctrine	**doctrn**
distrusting	**dstrustg**	document	**dcmnt**
distrustful	**dstrustfl**	documentation	**dcmntzn**
disturb	**dstrb**	documenting	**dcmntg**
disturbance	**dstrbnz**	does	**dz**
disturbing	**dstrbg**	dogmatic	**dogmtc**
disuse	**dsuz**	dogmatism	**dogmtsm**
disused	**dsuzd**	doing	**dwng**
divaricate	**dvryct**	dollar	**dolr**
divaricating	**dvryctg**	domestic	**dmstc**
divarication	**dvryczn**	domesticated	**dmstctd**
dive	**dyv**	domestication	**dmstczn**
diver	**dyvr**	domesticity	**dmstzty**
diving	**dyvg**	domicile	**dmzyl**
diverge	**dvrj**	dominate	**dmnht**
diverging	**dvrjg**	dominating	**dmnhtg**

domination	dmnhzn	drawn	drwn
dominion	dmnyn	dread	dred
donate	dnht	dreadful	dredfl
donating	dnhtg	dreadfully	dredfuly
donation	dnhzn	dream	drm
done	dn	dreamed	drmd
door	dor	dreamer	drmr
doorkeeper	dorkpr	dreaming	drmg
doorpost	dorpst	dreamt	drmt
doorstep	dorstp	dress	drz
doorway	drwy	dressing	drzg
double	dbl	dresser	drzr
doubled	dbld	dried	dryd'
doubling	dblg	drink	drnk
doubt	dwt	drinker	drnkr
doubted	dwtd	drinking	drnkg
doubting	dwtg	drive	dryv
doubtful	dwtfl	driven	drvn
doubtfully	dwtfuly	driver	dryvr
doubtless	dwtls	driving	dryvg
down	dwn	drowned	drownd
downgrade	dwngrad	drowning	drowng
downgrading	dwngradg	drought	drowt
downstairs	dwnstrs	drove	drov
downtown	dwntwn	drying	dryg
downturn	dwntrn	dubious	dwbyz
downward	dwnwrd	duchess	duchz
dozen	dzn	due	dw
drafting	drftg	duke	dwk
drafted	drftd	dukedom	dwkdm
drafter	drftr	dumping	dumpg
drain	drhn	duplicate	dwplct
draining	drhng	duplicating	dwplctg
drainage	drhnj	duplication	dwplczn
dramatic	dramtc	duplicator	dwplctr
dramatise	dramtz	duplicity	dwplzty
dramatising	dramtzg	durable	dwrbl
dramatisation	dramtzn	duration	drhzn
draught	drwft	during	drng
draw	drw	dwelling	dwelg
drawing	drwng	dwindle	dwndl
drawer	drwr	dwindling	dwndlg
drawee	drwe	dyeing	dyg'

dynamic	dynamc	ecologist	ecljst
dynamite	dynmyt	econometric	ecnomtrc
		economic	ecnomc
## Ee		economical	ecnomcl
		economisation	ecnomzn
		economise	ecnomz
each	ech	economising	ecnomzg
eager	egr	economist	ecnomst
eagerly	egrly	economy	ecnomy
eagerness	egrnz	edge	ej
earlier	erlyr	edged	ejd
earliest	earlyst	edging	ejg
early	erly	edible	edbl
earmark	ermrk	edibility	edblty
earmarking	ermrkg	edification	edfczn
earn	ern	edifice	edfz
earner	ernr	edified	edfd
earning	erng	edify	edfy
earth	erth	edifying	edfyg
earthquake	erthqak	edification	edfczn
ease	ez	edit	edt
easily	ezly	editing	edtg
easing	ezg	edition	edzn
easier	ezyr	editor	edtr
east	est	editorial	edtryl
Easter	Estr	educate	edwct
easterly	estrly	educated	edwctd
eastern	estrn	educating	edwctg
eastward	estwrd	education	edwczn
easy	ezy	educational	edwcznl
eat	et	efface	efs
eater	etr	effacing	efsg
eaten	etn	effacement	efsmnt
eating	etg	effect	efct
ebb	eb	effected	efctd
ebbing	ebg	effective	efctv
eccentric	ecsntrc	effectively	efctvly
ecclesiastic	eclzystc	effectiveness	efctvnz
echo	eco	effectual	efctwl
echoed	ecwd	effervesce	efrvz
eclipse	eclpz	effervescence	efrvznz
ecological	ecljcl	effervescent	efrvznt
ecology	ecljy	effervescing	efrvzg

efficacious	**efcshz**	electrolysis	**elctrolss**
efficacy	**efczy**	electronic	**elctronc**
efficiency	**efznzy**	electronically	**elctroncly**
efficient	**efznt**	elegant	**elgnt**
efficiently	**efzntly**	elevate	**elvt**
effort	**efrt**	elevated	**elvtd**
effortless	**efrtls**	elevating	**elvtg**
effortlessly	**efrtlsly**	elevation	**elvzn**
effuse	**efwz**	elevator	**elvtr**
effusing	**efwzg**	elicit	**elzt**
effusive	**efwzv**	eligibility	**eljblty**
egoism	**egwzm**	eligible	**eljbl**
egoist	**egwst**	eliminate	**elmnht**
egoistical	**egwstcl**	eliminating	**elmnhtg**
egress	**egrz**	elimination	**elmnhzn**
eiderdown	**edrdwn**	elocution	**elcwzn**
eject	**ejct**	elongate	**elngt**
ejecting	**ejctg**	elongating	**elngtg**
ejection	**ejcn**	elongation	**elngzn**
either	**ethr**	elope	**elop**
elaborate	**elbrht**	eloping	**elopg**
elaborately	**elbrhtly**	elopment	**elopm**
elaborating	**elbrhtg**	eloquent	**eloqnt**
elaboration	**elbrhzn**	else	**elz**
elastic	**elstc**	elsewhere	**elzwhr**
elasticity	**elstzty**	elucidate	**elwzdt**
elapse	**elapz**	elucidating	**elwzdtg**
elapsing	**elapzg**	elucidation	**elwzdzn**
elated	**elhtd**	elusive	**elwzv**
elating	**elhtg**	emaciate	**emazyt**
elation	**elhzn**	emaciation	**emazyzn**
elbow	**elbw**	emanate	**emnht**
elderly	**eldrly**	emanating	**emnhtg**
eldest	**eldst**	emanation	**emnhzn**
elect	**elct**	embankment	**mbnkm**
electing	**elctg**	embargo	**mbrgo**
election	**elcn**	embark	**mbrk**
electric	**elctrc**	embarking	**mbrkg**
electrical	**elctrcl**	embarkation	**mbrkzn**
electrician	**elctrzn**	embarrass	**mbrhz**
electricity	**elctrzty**	embarrassing	**mbrhzg**
electrification	**elctrfczn**	embarrassment	**mbrhzm**
electrified	**elctrfd**	embassy	**mbzy**

embed	**mbed**	emperor	**mpror**
embedded	**mbedd**	emphasis	**mfass**
embeding	**mbedg**	emphasize	**mfasz**
embellish	**mblsh**	emphasizing	**mfaszg**
embellishing	**mblshg**	emphatic	**mfatc**
embellishment	**mblshm**	emphatically	**mfatcly**
embezzle	**mbzl**	empire	**mpr**
embezzling	**mbzlg**	empirical	**mprcl**
embezzlement	**mbzlm**	employ	**mploy**
embitter	**mbitr**	employable	**mploybl**
emblem	**mblm**	employee	**mploye**
embodied	**mbdyd**	employing	**mployg**
embody	**mbdy**	employer	**mployr**
embodying	**mbdyg**	employment	**mploym**
embodiment	**mbdymnt**	emporium	**mporym**
embrace	**mbraz**	empower	**mpwr**
embracing	**mbrazg**	empowering	**mpwrng**
embroidery	**mbrwdry**	empress	**mprs**
embroil	**mbrwl**	emptied	**mptyd**
embroiling	**mbrwlg**	emptying	**mptyg**
embroilment	**mbrwlm**	emulate	**emwlht**
emend	**emnd**	emulating	**emwlhtg**
emendation	**emndzn**	emulation	**emwlhzn**
emerge	**emrj**	emulsion	**emulzn**
emerging	**emrjg**	en route	**nrwt**
emergence	**emrjnz**	enable	**nabl**
emergency	**emrjnzy**	enabled	**nabld**
emersion	**emrzn**	enabling	**nablg**
emigrant	**emgrnt**	enablement	**nablm**
emigrate	**emgrht**	enacting	**nactg**
emigrating	**emgrhtg**	enacted	**nactd**
emigration	**emgrhzn**	enactment	**nactm**
eminent	**emnnt**	encash	**ncsh**
eminently	**emnntly**	encashing	**ncshg**
emissary	**emzry**	encashment	**ncshm**
emission	**emzn**	enchanting	**nchantg**
emitted	**emtd**	enchantment	**nchantm**
emit	**emt**	encircle	**nsrcl**
emitting	**emtg**	encircling	**nsrclg**
emolument	**emolmnt**	enclose	**nclz**
emotion	**emozn**	enclosing	**nclzg**
emotional	**emoznl**	enclosure	**nclzr**
emotionally	**emoznly**	encompass	**ncmps**

encompassing	ncmpsg	enfranchise	nfranchz
encounter	ncwntr	enfrachising	nfranchzg
encountering	ncwntrng	enfranchisement	nfranchzm
encourage	ncrj	engage	ngj
encouraging	ncrjg	engaging	ngjg
encouragement	ncrjm	engagement	ngjm
encroach	ncrwch	engender	njndr'
encroaching	ncrwchg	engendering	njndrng
encroachment	ncrwchm	engine	njn
encumber	ncmbr	engineer	njnr
encumbering	ncmbrng	engineering	njnrng
encumbrance	ncmbrnz	English	Nglsh
encyclopaedia	nsyclopda	Englishman	Nglshmn
endanger	ndnjr	Englishmen	Nglshmn'
endangering	ndnjrng	Englishwoman	Nglshwmn
endear	ndr	Englishwomen	Nglshwmn'
endeared	ndrd	engrave	ngrav
endearing	ndrng	engraving	ngravg
endearment	ndrmnt	engravement	ngravm
endeavour	ndvr	engross	ngroz
endeavouring	ndvrng	engrossing	ngrozg
ended	endd	engrossment	ngrozm
ending	endg	enhance	nhanz
endemic	ndmc	enhancing	nhanzg
ending	endg	enhancement	nhanzmnt
endless	endls	enjoin	njn'
endlessly	endlsly	enjoinder	njndr
endorse	ndorz	enjoing	njng
endorsing	ndorzg	enjoy	njy
endorsement	ndorzm	enjoyed	njyd
endowed	ndowd	enjoying	njyg
endowing	ndowng	enjoyment	njym
endowment	ndowm	enlarge	nlrj
endure	ndur	enlarging	nlrjg
enduring	ndurng	enlargement	nlrjm
enemy	enmy	enlighten	nlytn
energetic	enrjtc	enlightening	nlytng
energy	enrjy	enlightenment	nlytnm
enfolded	nfoldd	enlist	nlst
enfolding	nfoldg	enlisting	nlstg
enforce	nfz	enlistment	nlstm
enforcing	nfzg	enliven	nlyvn
enforcement	nfzmnt	enlivening	nlyvng

enlivenment	**nlyvnm**	entire	**ntyr**
enmity	**enmty**	entirely	**ntyrly**
enormity	**enormty**	entirety	**ntyrty**
enormous	**enormz**	entitle	**ntytl**
enough	**enf**	entitling	**ntytlg**
enquire	**nqr**	entitlement	**ntytlm**
enquiring	**nqrng**	entrance	**ntrnz**
enquiry	**nqry**	entrancing	**ntrnzg**
enrage	**nrhj**	entrant	**ntrnt**
enriching	**nrichg**	entreating	**ntrtg**
enrichment	**nrichm**	entreatment	**ntrtm**
enrol	**nrol**	entrench	**ntrnch**
enroling	**nrolg**	entrenching	**ntrnchg**
enrolment	**nrolm**	entrenchment	**ntrnchm**
ensue	**nzw**	entrepreneur	**ntrprnr**
ensuing	**nzwng**	entrust	**ntrust**
ensure	**enzr**	entrusting	**ntrustg**
ensuring	**enzrng**	entrustment	**ntrustm**
entail	**ntl**	entry	**ntry**
entailing	**ntlg**	enumerate	**enwmrht**
entailment	**ntlmnt**	enumerating	**enwmrhtg**
entangle	**ntangl**	enumeration	**enwmrhzn**
entangling	**ntanglg**	envelop	**nvlp**
entanglement	**ntanglm**	enveloping	**nvlpg**
enthral	**nthral**	envelopment	**nvlpm**
enthralling	**nthralg**	envelope	**nvlop**
enter	**ntr**	environment	**nvrnmnt**
entered	**ntrd**	envisage	**nvzj**
entering	**ntrng**	envisaged	**nvzjd**
enterprise	**ntrprz**	envisaging	**nvzjg**
enterprising	**ntrprzg**	envious	**envyz**
entertain	**ntrtn**	envoy	**nvoy**
entertainer	**ntrtnr**	epidemic	**epdmc**
entertaining	**ntrtng**	epilogue	**eplog**
entertainment	**ntrtnm**	episode	**epsod**
enthuse	**nthwz**	equability	**eqblty**
enthusing	**nthwzg**	equable	**eqbl**
enthusiasm	**nthwzysm**	equal	**eql**
enthusiastic	**nthwzystc**	equalled	**eqld**
enthusiastically	**nthwzystcly**	equalise	**eqlz**
entice	**entz**	equalising	**eqlzg**
enticing	**entzg**	equalisation	**eqlzn**
enticement	**entzmnt**	equality	**eqlty**

equally	**eqly**	eruption	**erupn**
equanimity	**eqnmty**	escalate	**esclht**
equate	**eqat**	escalating	**esclhtg**
equating	**eqatg**	escalation	**esclhzn**
equation	**eqazn**	escapade	**escpd**
equator	**eqatr**	escape	**escp**
equatorial	**eqatryl**	escaped	**escpd'**
equerry	**eqry**	escaping	**escpg**
equidistant	**eqdstnt**	escapement	**escpm**
equilibrium	**eqlbrym**	escheat	**escht**
equip	**eqp**	escheating	**eschtg**
equipage	**eqpj**	especial	**espzl**
equipment	**eqpm**	especially	**espzly**
equipping	**eqpg**	espionage	**espynj**
equitable	**eqtbl**	esplanade	**esplnhd**
equity	**eqty**	espouse	**espwz**
equivalence	**eqvlnz**	esquire	**esqr**
equivalent	**eqvlnt**	essay	**esy**
equivocal	**eqvocl**	essence	**esnz**
equivocate	**eqvoct**	essential	**esnzl**
equivocating	**eqvoctg**	essentially	**esnzly**
equivocation	**eqvoczn**	essentialness	**esnzlnz**
eradicate	**eradct**	establish	**estblsh**
eradicating	**eradctg**	establishing	**estblshg**
eradication	**eradczn**	establishment	**estblshm**
erase	**erhz**	estate	**estt**
erasing	**erhzg**	esteem	**estm**
erasure	**erhzr**	esteeming	**estmg**
erasement	**erhzmnt**	estimate	**estmt**
eraser	**erhzr**	estimating	**estmtg**
erratic	**eratc**	estimation	**estmzn**
erect	**erct**	estimator	**estmtr**
erecting	**erctg**	estrain	**estrhn**
erection	**ercn**	estrange	**estrnj**
ergonomic	**ergnomc**	estrangement	**estrnjm**
erode	**erod**	estuary	**estwry**
eroding	**erodg**	eternal	**etrnl**
erroneous	**eronyz**	eternally	**etrnly**
erosion	**erozn**	etherial	**ethryl**
error	**eror**	ethic	**ethc**
erudite	**erwdt**	ethical	**ethcl**
erudition	**erwdzn**	etiquette	**etqt**
erupting	**eruptg**	Europe	**Urop**

European	**Uropyn**	evident	**evdnt**
Eurocheque	**Urochq**	evidently	**evdntly**
Eurocurrency	**Urocrnzy**	evil	**evl**
Euromarket	**Uromrkt**	evince	**evnz**
Eurodollar	**Urodolr**	evincing	**evnzg**
evacuate	**evcwt**	evocable	**evocbl**
evacuating	**evcwtg**	evocate	**evoct**
evacuation	**evcwzn**	evocation	**evoczn**
evade	**evad**	evoke	**evok**
evaded	**evadd**	evolution	**evluzn**
evading	**evadg**	evolve	**evolv**
evaluate	**evlwt**	evolving	**evolvg**
evaluating	**evlwtg**	evolvement	**evolvm**
evaluation	**evlwzn**	exacerbate	**xasrbt**
evaporate	**evprht**	exacerbating	**xasrbtg**
evaporating	**evprhtg**	exacerbation	**xasrbzn**
evaporation	**evprhzn**	exact	**xact**
evasion	**evazn**	exactly	**xactly**
evasive	**evazv**	exaction	**xacn**
eve	**ev**	exactitude	**xactwd**
even	**evn**	exaggerate	**xajrht**
evening	**evng**	exaggerating	**xajrhtg**
event	**evnt**	exaggeration	**xajrhzn**
eventual	**evntwl**	exalt	**xalt**
eventually	**evntwly**	exaltation	**xaltzn**
eventuality	**evntwlty**	exam	**xm**
ever	**evr**	examine	**xmn**
everlasting	**evrlstg**	examining	**xmng**
every	**evry**	examination	**xmnhzn**
everybody	**evrybdy**	example	**xmpl**
everyday	**evrydy**	exasperate	**xasprht**
everyone	**evrywn**	exasperating	**xasprhtg**
everything	**evrythg**	exasperation	**xasprhzn**
evergreen	**evrgrn**	excavate	**xcvt**
ever-increasing	**evrncrzg**	excavating	**xcvtg**
everlasting	**evrlztg**	excavation	**xcvzn**
ever-loving	**evrlovg**	exceed	**xzd**
evermore	**evrmor**	exceeding	**xzdg**
everywhere	**evrywhr**	exceedingly	**xzdgly**
evict	**evct**	excel	**xl**
evicting	**evctg**	excellence	**xlnz**
eviction	**evcn**	excellent	**xlnt**
evidence	**evdnz**	excellently	**xlntly**

except	**xzpt**	exemplifying	**xmplfyg**
excepting	**xzptg**	exempt	**xmpt**
exception	**xzpn**	exempted	**xmptd**
exceptionally	**xzpnly**	exempting	**xmptg**
excess	**xzs**	exemption	**xmpzn**
excessive	**xzsv**	exercise	**xrsz**
excessively	**xzsvly**	exercising	**xrszg**
excerpt	**xrpt**	exert	**xrt**
exchange	**xchnj**	exerting	**xrtg**
exchanged	**xchnjd**	exertion	**xrzn**
exchanging	**xchnjg**	ex gratia	**xgraza**
exchangeable	**xchnjbl**	exhaust	**xwst**
exchequer	**xchqr**	exhausted	**xwstd**
excise	**xsz**	exhausting	**xwstg**
excisable	**xszbl**	exhaustion	**xwstn**
excitable	**xytbl**	exhaustive	**xwstv**
excite	**xyt**	exhibit	**xbt**
excited	**xytd**	exhibiting	**xbtg**
exciting	**xytg**	exhibition	**xbzn**
excitement	**xytm**	exhibitionist	**xbznst**
exclaim	**xclm**	exhilarate	**xlrht**
exclaiming	**xclmg**	exhilarating	**xlrhtg**
exclamation	**xclmzn**	exhilaration	**xlrhzn**
exclude	**xclwd**	exhort	**xhort**
exclude	**xcld**	exhorting	**xhortg**
excluding	**xclwdg**	exhortation	**xhortzn**
excluding	**xcldg**	exigious	**xjwz**
exclusion	**xclwzn**	exile	**xyl**
exclusion	**xclzn**	exiling	**xylg**
exclusive	**xclwzv**	exist	**xsst**
exclusivity	**xclwzvty**	existing	**xsstg**
exclusiveness	**xclwzvnz**	existence	**xstnz**
excruciating	**xcrwzytg**	existential	**xstnzl**
excursion	**xcrzn**	existent	**xstnt**
excuse	**xcwz**	exit	**xt**
execute	**xcwt**	exonerate	**xonrht**
executing	**xcwtg**	exonerating	**xonrhtg**
executive	**xcwtv**	exoneration	**xonrhzn**
executor	**xcwtr**	exorbitant	**xorbtnt**
exemplary	**xmplry**	exotic	**xotc**
exemplification	**xmplfczn**	expand	**xpand**
exemplified	**xmplfd**	expanding	**xpandg**
exemplify	**xmplfy**	expansion	**xpanzn**

expansive	**xpanzv**	explanatory	**xplnhtry**
expatiate	**xpazyt**	explicable	**xplcbl**
expatiating	**xpazytg**	explicate	**xplct**
expatriate	**xpatryt**	explicit	**xplzt**
expatriating	**xpatrytg**	explode	**xplod**
expatriation	**xpatryzn**	exploding	**xplodg**
expect	**xpct**	exploit	**xplwt**
expected	**xpctd**	exploiting	**xplwtg**
expecting	**xpctg**	exploitation	**xplwtzn**
expectancy	**xpctnzy**	exploration	**xplorhzn**
expectant	**xpctnt**	explore	**xplor**
expectation	**xpctzn**	exploring	**xplorng**
expedient	**xpdynt**	explosion	**xplozn**
expedite	**xpdyt**	explosive	**xplozv**
expediting	**xpdytg**	export	**xpt**
expedition	**xpdzn**	exportable	**xptbl**
expeditious	**xpdshz**	exporting	**xptg**
expel	**xpl**	exporter	**xptr**
expelled	**xpld**	exportation	**xptzn**
expelling	**xplg**	expose	**xpz**
expend	**xpnd**	exposing	**xpzg**
expended	**xpndd**	exposition	**xpzn**
expending	**xpndg**	expostulate	**xpstwlht**
expenditure	**xpndtur**	expostulation	**xpstwlhzn**
expense	**xpnz**	exposure	**xpzr**
expensive	**xpnzv**	expound	**xpwnd**
expensively	**xpnzvly**	expounding	**xpwndg**
experience	**xprynz**	express	**xprs**
experienced	**xprynzd**	expressing	**xprsg**
experiencing	**xprynzg**	expression	**xprsn**
experiment	**xprmnt**	expressive	**xprsv**
experimenting	**xprmntg**	expropriate	**xproprvt**
experimental	**xprmntl**	expropriating	**xproprytg**
expert	**xprt**	expropriation	**xpropryzn**
expertly	**xprtly**	expulsion	**xpulzn**
expertise	**xprtz**	extemporaneous	**xtmpornyz**
expiration	**xprhzn**	extend	**xtnd**
expire	**xpr**	extending	**xtndg**
expiring	**xprng**	extension	**xtnzn**
explain	**xpln**	extensively	**xtnzvly**
explained	**xplnd**	extent	**xtnt**
explaining	**xplng**	exterminate	**xtrmnht**
explanation	**xplnhzn**	extermination	**xtrmnhzn**

external	**xtrnl**	fabrication	**fbrczn**
externally	**xtrnly**	fabulous	**fblwz**
extinct	**xtnct**	facade	**fsad**
extinguish	**xtngwsh**	face	**fs**
extinguishing	**xtngwshg**	faced	**fsd**
extinguisher	**xtngwshr**	facing	**fsg**
extortionate	**xtorznht**	facetious	**fzshz**
extra	**xtra**	facial	**fshl**
extract	**xtract**	facile	**fzl**
extracting	**xtractg**	facility	**fzlty**
extraction	**xtracn**	facilitate	**fzltt**
extradite	**xtrdt**	facilitating	**fzlttg**
extraditing	**xtrdtg**	facilitation	**fzltzn**
extradition	**xtrdzn**	facsimile	**faxzmly**
extraneous	**xtrhnyz**	facsimile	**fax**
extraordinary	**xtrordnry**	fact	**fct**
extraordinarily	**xtrordnrly**	faction	**facn**
extravagance	**xtrvgnz**	factional	**facnl**
extravagant	**xtrvgnt**	factitious	**factshz**
extreme	**xtrm**	factor	**fctr**
extremely	**xtrmly**	factory	**fctry**
extremity	**xtrmty**	factual	**fctwl**
extricate	**xtrct**	factoring	**fctrng**
extricating	**xtrctg**	faculty	**fclty**
extrication	**xtrczn**	fail	**fhl**
extrovert	**xtrovrt**	failing	**fhlg**
exudation	**xwdzn**	fallible	**fhlbl**
exude	**xwd**	fallacy	**flhzy**
exuding	**xwdg**	fallacious	**flhshz**
exult	**xult**	failure	**fhlr**
exultation	**xultzn**	faint	**fhnt**
eye	**ey**	fair	**fhr**
eyeing	**eyg**	fairer	**fhrr**
eye-opener	**eyopnr**	fairest	**fhrst**
eyesight	**eysyt**	fairly	**fhrly**
eye-witness	**eywtnz**	fairness	**fhrnz**
		fairground	**fhrgrwnd**
		faith	**fhth**
		faithful	**fhthfl**
		faithfully	**fhthfuly**
fabric	**fbrc**	faithless	**fthls**
fabricate	**fbrct**	fake	**fhk**
fabricating	**fbrctg**	faked	**fhkd**

Ff

faking	fhkg	fasten	fsn
fall	fal	fastener	fsnr
falling	falg	fastening	fsng
fallible	falbl	faster	fstr
fallibility	falblty	fasting	fstg
fallow	falw	fastidious	fstdyz
false	falz	fatal	fhtl
falsify	falzfy	fatality	fhtlty
falsifying	falzfyg	fatalistic	fhtlstc
falsification	falzfczn	fate	fht
family	fmly	fated	fhtd
familiar	fmlyr	father	fthr
familiarity	fmlyrty	fathom	fathm
familiarise	fmlyrz	fathoming	fathmg
familiarising	fmlyrzg	faught	fawt
familiarisation	fmlyrzn	fault	fwlt
fame	fhm'	faulty	fwlty
famine	famn	faultless	fwltls
famish	famsh	faultlessly	fwltlsly
famous	fhmz	favour	fvr
famously	fhmzly	favoured	fvrd
fancied	fnzyd	favourable	fvrbl
fancying	fnzyg	favouring	fvrng
fanatic	fnhtc	favourite	fvrt
fanatacism	fnhtzsm	favouritism	fvrtsm
fantastic	fntstc	fear	frh
fantasy	fntzy	fear	fr'
faraway	frhwy	fearing	frng
fare	fhr'	fearful	frful
farmed	farmd	fearfully	ffrfuly
farmer	farmr	feasibility	fzblty
farmhouse	farmhwz	feasible	fzbl
farming	farmg	feature	ftur
farther	farthr	featured	fturd
fascinate	fznht	featuring	fturng
fascinating	fznhtg	February	Fbrwry
fascination	fznhzn	federal	fdrl
fashion	fshn	federate	fdrht
fashionable	fshnbl	federation	fdrhzn
fashionably	fshnbly	fee	fy
fashioned	fshnd	feeble	fbl
fashioning	fshng	feed	fd
fast	fst	feeder	fdr

feeding	**fdg**	fiercly	**frsly**
feedback	**fdbk**	fiery	**fyry**
feel	**flh**	fifth	**ffth**
feeler	**flr**	fight	**fyt**
feeling	**flg**	fighter	**fytr**
feet	**ft**	fighting	**fytg**
feign	**fhn**	figurative	**fgrhtv**
feigning	**fhng**	figuratively	**fgrhtvly**
felicitate	**flztt**	figure	**fgr**
felicitating	**flzttg**	figured	**fgrd**
felicitation	**flztzn**	figuring	**fgrng**
felicitous	**flztwz**	file	**fyl**
felicity	**flzty**	filed	**fyld**
fell	**fel**	filing	**fylg**
fellow	**felw**	fill	**fil**
fellowship	**felwshp**	fill	**fl'**
ferry	**fery**	filled	**fild**
female	**fmhl**	filled	**fld'**
feminine	**fmnn**	filling	**filg**
femininity	**fmnnty**	filling	**flg'**
feminism	**fmnsm**	film	**flm**
feminist	**fmnst**	filmed	**flmd**
fence	**fnz**	filming	**flmg**
fenced	**fnzd**	filter	**fltr**
fencing	**fnzg**	filtering	**fltrng**
festival	**fstvl**	filtered	**fltrd**
festive	**fstv**	filtrate	**fltrht**
festivity	**fstvty**	filtrating	**fltrhtg**
fetch	**fch**	filtration	**fltrhzn**
fetched	**fchd**	final	**fnl**
fetching	**fchg**	finalise	**fnlz**
fever	**fvr'**	finalisation	**fnlzn**
feverish	**fvrsh**	finalising	**fnlzg**
few	**fw**	finality	**fnlty**
fewer	**fwr**	finally	**fnly**
fiction	**fcn**	finance	**fnanz**
fictional	**fcnl**	financed	**fnanzd**
fictitious	**fctshz**	financial	**fnanzl**
fiddle	**fidl**	financially	**fnanzly**
fiddling	**fidlg**	financier	**fnanzyr**
fiduciary	**fdwzry**	financing	**fnanzg**
field	**fld**	find	**fnd**
fierce	**frs**	finding	**fndg**

finder	**fndr**	flaming	**flamg**
fine	**fyn**	flanking	**flankg**
fineness	**fynz**	flannel	**flanl**
finer	**fynr**	flatter	**flatr**
finger	**fngr**	flattering	**flatrng**
fingertip	**fngrtp**	flavour	**flavr**
fingering	**fngrng**	flavouring	**flavrng**
finish	**fnsh**	fleet	**flt**
finishing	**fnshg**	fleeting	**fltg**
finisher	**fnshr**	flexible	**flxbl**
finite	**fnyt**	flexibility	**flxblty**
fire	**fyr**	float	**flot**
fireplace	**fyrplaz**	floated	**flotd**
fireproof	**fyrprwf**	floating	**flotg**
fireproofing	**fyrprwfg**	flock	**flok**
fireside	**fyrsd**	flood	**flwd**
firewood	**fyrwd**	flooded	**flwdd**
firm	**fhm**	flooding	**flwdg**
firmly	**fhmly**	floor	**flr**
firmness	**fhmnz**	flooring	**flrng**
firmer	**fhmr**	flotation	**flotzn**
first	**frst**	flounder	**flwndr**
firstclass	**frstclz**	floundering	**flwndrng**
firsthand	**frsthnd**	flourish	**flrsh**
fiscal	**fscl**	flourished	**flrshd**
fish	**fsh**	flourishing	**flrshg**
fished	**fshd**	flowed	**flowd**
fishing	**fshg**	flowing	**flowng**
fisherman	**fshrmn**	flower	**flwr**
fishermen	**fshrmn'**	flowered	**flwrd**
fit	**ft'**	flowering	**flwrng**
fitted	**ftd**	fluctuate	**fluctwt**
fitting	**ftg**	fluctuating	**fluctwtg**
fitter	**ftr**	fluctuation	**fluctwzn**
fittingly	**ftgly**	fluency	**flwnzy**
five	**fv**	fluent	**flwnt**
fix	**fx**	fluid	**flwd**
fixative	**fxtv**	fluidity	**flwdty**
fixed	**fxd**	fluorescence	**flrsnz**
fixing	**fxg**	fluorescent	**flrsnt**
fixture	**fxtur**	fluoride	**flryd**
flamboyant	**flambwnt**	fluoridating	**flrdtg**
flame	**flam**	flutter	**flutr**

flyer	**flyr**	foreground	**fgrwnd**
flying	**flyg**	foreign	**frn**
focus	**focz**	foreigner	**frnr**
focused	**foczd**	foreman	**fmn**
focusing	**foczg**	foremen	**fmn'**
foe	**fo**	forewoman	**fwmn**
folding	**foldg**	forewomen	**fwmn'**
folder	**foldr**	forenoon	**fnwn**
follow	**folw**	forerunner	**frunr**
followed	**folwd**	foresee	**f'z**
following	**folwng**	foreseeable	**f'zybl**
follower	**folwr**	foreseen	**f'zn**
foolish	**fwlsh**	foreshadow	**fshadw**
foolishly	**fwlshly**	foresight	**fsyt**
foot	**fwt**	forestall	**fstal**
football	**fwtbal**	foretell	**ftel**
footballer	**fwtbalr**	foretelling	**ftelg**
footing	**fwtg**	forethought	**fthawt**
footnote	**fwtnot**	foreword	**frwrd**
footwear	**fwtwhr**	forfeit	**fft**
for	**f**	forfeited	**fftd**
forbade	**fbad**	forfeiting	**fftg**
forbear	**fbrh**	forfeiture	**fftur**
forebearance	**fbrhnz**	forgave	**fgav**
forebearer	**fbrhr**	forge	**forj**
forebearing	**fbrhg**	forger	**forjr**
forbid	**fbd**	forgery	**forjry**
forbidden	**fbdn**	forget	**fgt**
forbidding	**fbdg**	forgetful	**fgtfl**
force	**fz**	forgetfulness	**fgtflnz**
forced	**fzd**	forgetting	**fgtg**
forcing	**fzg**	forgive	**fgv**
forceful	**fzful**	forgiven	**fgvn**
forcefully	**fzfuly**	forgiveness	**fgvnz**
foreboding	**fbodg**	forgo	**fgo**
forecast	**fcst**	forgoing	**fgwng**
forecasted	**fcstd**	forgone	**fgn**
forecasting	**fcstg**	forgot	**fgot**
forecaster	**fcstr**	forgotten	**fgotn**
foreclose	**fcloz**	form	**fm**
foreclosing	**fclozg**	formal	**fml**
foreclosure	**fclozr**	formalise	**fmlz**
forecourt	**fcort**	formalised	**fmlzd**

formalising	**fmlzg**	fraternise	**fratrnz**
formalisation	**fmlzn**	fraternising	**fratrnzg**
formality	**fmlty**	fraternisation	**fratrnzn**
format	**fmat**	fraternity	**fratrnty**
formation	**fmzn**	fraud	**frwd**
formatting	**fmatg**	fraudulent	**frwdlnt**
formatted	**fmatd**	fraught	**frawt**
former	**fmr**	free	**fre**
formidable	**fmdbl**	freed	**frd**
forming	**fmg**	freely	**frly**
formula	**fmla**	freedom	**frdm**
formulate	**fmlht**	freehold	**frhld**
formulating	**fmlhtg**	freeholder	**frhldr**
formulation	**fmlhzn**	freeholding	**frhldg**
forthcoming	**fthcmg**	freeze	**frz**
forthright	**fthryt**	freeezing	**frzg**
fortieth	**ftyth**	freezer	**frzr**
fortify	**ftfy**	freight	**frht**
fortified	**ftfd**	freighting	**frhtg**
fortifying	**ftfyg**	freighter	**frhtr**
fortification	**ftfczn**	frequent	**frqnt**
fortnight	**ftnyt**	frequenting	**frqntg**
fortuitous	**ftwtz**	frequently	**frqntly**
fortunate	**ftnht**	frequency	**frqnzy**
fortunately	**ftnhtly**	fresh	**frsh**
fortune	**ftwn**	freshen	**frshn**
forward	**fwrd**	freshener	**frshnr**
forwarder	**fwrdr**	freshening	**frshng**
forwarding	**fwrdg**	friend	**frnd**
found	**fwnd**	friendly	**frndly**
founded	**fwndd**	friendship	**frndshp**
founding	**fwndg**	fright	**fryt**
founder	**fwndr**	frighten	**frytn**
foundation	**fwndzn**	frightening	**frytng**
fountain	**fwntn**	fringe	**frnj**
fraction	**fracn**	from	**frm**
fragile	**frajl**	frontier	**frntyr**
fragility	**frajlty**	front	**frnt**
fragment	**fragmnt**	fruit	**frwt**
fragmentation	**fragmntzn**	fruitful	**frwtfl**
fragmentary	**fragmntry**	frustrate	**frustrht**
frantic	**frantc**	frustrating	**frustrhtg**
frantically	**frantcly**	frustration	**frustrhzn**

fugitive	**fwjtv**	gambit	**gmbt**
fulfil	**fulfl**	gamble	**gmbl**
fulfilling	**fulflg**	gambler	**gmblr**
fulfilment	**fulflm**	gambling	**gmblg**
full	**ful**	game	**gm**
fully	**fuly**	gang	**gng**
function	**funcn**	ganging	**gngng**
functioning	**funcng**	gangster	**gngstr**
functional	**funcnl**	gangway	**gngwy**
fundamental	**fundmntl**	garage	**grhj**
funded	**fundd**	garaging	**grhjg**
funding	**fundg**	garbage	**grbj**
funeral	**fwnrl**	garden	**grdn**
furnace	**frnhz**	gardening	**grdng**
furnish	**frnsh**	gardener	**grdnr**
furnishing	**frnshg**	garlic	**grlc**
furnisher	**frnshr**	garment	**grmnt**
furniture	**frntur**	gas	**gs**
furrow	**furw**	gasbag	**gsbg**
further	**frthr**	gasify	**gsfy**
furthermore	**frthrmor**	gasification	**gsfczn**
furthering	**frthrng**	gas meter	**gsmtr**
futile	**fwtl**	gastric	**gstrc**
futility	**fwtlty**	gasworks	**gswrks**
future	**futr**	gasometer	**gsomtr**
futuristic	**futrstc**	gate	**ght**
		gateway	**ghtwy**
		gather	**gathr**

Gg

		gathering	**gathrng**
		gave	**gav**
gadget	**gajt**	gaze	**ghz**
gain	**ghn**	gazing	**ghzg**
gaining	**ghng**	gazette	**gazt**
gainful	**ghnfl**	gazeteer	**gaztr**
gainfully	**ghnfuly**	gazumping	**gzumpg**
gallon	**gln**	gear	**gr**
gallant	**glnt**	geared	**grd'**
gallery	**glry**	gearing	**grng**
gallop	**glop**	genealogical	**jnyljcl**
galloping	**glopg**	genealogist	**jnyljst**
galvanise	**glvnz**	genealogy	**jnyljy**
galvanising	**glvnzg**	general	**jnrl**
galvanisation	**glvnzn**	generally	**jnrly**

generalisation	**jnrlzn**	gimmick	**gmk**
generalise	**jnrlz**	ginger	**jnjr**
generalising	**jnrlzg**	gingerbread	**jnjrbred**
generate	**jnrht**	girl	**grl**
generating	**jnrhtg**	girlish	**grlsh**
generation	**jnrhzn**	girlfriend	**grlfrnd**
generosity	**jnrozty**	give	**gv**
generous	**jnrwz**	giver	**gvr**
generously	**jnrwzly**	given	**gvn**
genial	**jnyl**	giving	**gvg**
geniality	**jnylty**	glamour	**glamr**
genially	**jnyly**	glamourous	**glamrwz**
genius	**jnyz**	glass	**glz**
gentle	**jntl**	glaze	**glhz**
gentleman	**jntlmn**	glazier	**glhzyr**
gentlemen	**jntlmn'**	glazing	**glhzg**
gentlemen	**g'**	gleam	**glm**
genuine	**jnwn**	gleaming	**glmg**
genuineness	**jnwnz**	glide	**glyd**
geographical	**jygrfcl**	glimpse	**glmpz**
geography	**jygrfy**	glisten	**glzn**
geological	**jyljcl**	glitter	**glitr**
geologist	**jyljst**	glittering	**glitrng**
geology	**jyljy**	globe	**glob**
geometrical	**jymtrcl**	global	**globl**
geranium	**jrhnym**	globular	**globlr**
germ	**jrm**	gloom	**glwm**
germicidal	**jrmsdl**	gloomy	**glwmy**
germicide	**jrmsd**	glomerate	**glomrht**
German	**Jrmn**	glorious	**gloryz**
germinate	**jrmnht**	glove	**glov**
germination	**jrmnhzn**	glue	**glw**
germinating	**jrmnhtg**	gluten	**glwtn**
gestation	**jstzn**	glutinous	**glwtnz**
gesticulate	**jstclht**	glutton	**glutn**
gesticulating	**jstclhtg**	goal	**gwl**
gesticulation	**jstclhzn**	goalkeeper	**gwlkpr**
gesture	**jstur**	godsend	**godsnd**
get	**gt**	goes	**gwz**
getting	**gtg**	going	**gwng**
giant	**jynt**	golden	**goldn**
gibe	**jyb**	gone	**gn**
gift	**gft**	good	**gd**

goodbye	**gdby**	gratefully	**grtfuly**
goodness	**gdnz**	gratified	**gratfy**
goodnight	**gdnyt**	gratification	**gratfczn**
goodwill	**gdwl**	gratified	**gratfd**
goose	**gws**	gratifying	**gratfyg**
gorgeous	**gorjyz**	gratitude	**gratwd**
gossip	**gozp**	gratuity	**gratwty**
gossiping	**gozpg**	gratuitous	**gratwtz**
govern	**gvrn**	gratulate	**grtlht**
government	**gvrmnt**	gratulation	**grtlhzn**
governmental	**gvrmntl**	gratulatory	**grtlhtry**
governing	**gvrng**	grave	**grav**
governor	**gvrnr**	gravitate	**gravtt**
grace	**graz**	gravitating	**gravttg**
gracious	**grashz**	gravitation	**gravtzn**
graciousness	**grashznz**	gravity	**gravty**
grade	**grad**	grazing	**grazg**
grading	**gradg**	grease	**grz**
gradual	**gradwl**	greaseproof	**grzprwf**
gradually	**gradwly**	great	**grht**
graduated	**gradwtd**	greathearted	**grhthrtd**
graduation	**gradwzn**	greatly	**grhtly**
grain	**grhn**	greatness	**grhtnz**
grammar	**gramr**	green	**grn**
grand-daughter	**grndawtr**	greenback	**grnbk**
grandfather	**grndfthr**	greengrocer	**grngrozr**
grandmother	**grndmothr**	greenmail	**grnmhl**
grandson	**grndson**	greet	**grt**
grandiloquent	**grndloqnt**	greeting	**grtg**
grandiose	**grndyz**	grew	**grw**
grant	**grnt**	grey	**gry**
granting	**grntg**	greyhound	**gryhwnd**
grantee	**grnte**	grief	**grf**
granular	**granlr**	grieve	**grv**
granulate	**granlht**	grieving	**grvg**
granulating	**granlhtg**	grievance	**grvnz**
granulation	**granlhzn**	grocer	**grozr**
graph	**grf**	gross	**groz**
graphic	**grfc**	grotesque	**grotsq**
graphical	**grfcl**	ground	**grwnd**
graphite	**grfyt**	grounding	**grwndg**
grasping	**graspg**	groundwork	**grwndwrk**
grateful	**grtfl**	group	**grwp**

grouping	**grwpg**	hairdresser	**hrdrzr**
guage	**ghj**	hairdressing	**hrdrzg**
guaging	**ghjg**	half	**hf**
guaranty	**grnty**	halfway	**hfwy**
guaranteed	**grntyd**	half-yearly	**hfyrly**
guaranteeing	**grntyg**	hall	**hal**
guarantor	**grntor**	hallmark	**hlmrk**
guard	**grd**	halting	**haltg**
guarded	**grdd**	halve	**hlv**
guarding	**grdg**	halving	**hlvg**
guardian	**grdyn**	hammer	**hamr**
guardianship	**grdynshp**	hammering	**hamrng**
guess	**gz**	hamper	**hampr**
guessing	**gzg**	hand	**hnd**
guest	**gst**	handbook	**hndbwk**
guidance	**gydnz**	handicap	**hndycp**
guide	**gyd**	handicapping	**hndycpg**
guided	**gydd**	handicraft	**hndycrft**
guideline	**gydlyn**	handiwork	**hndywrk**
guiding	**gydg**	handkerchief	**hndkrchf**
guile	**gyl**	handling	**hndlg**
guild	**gld**	handy	**hndy**
guilt	**glt**	handmade	**hndmd**
guiltless	**gltls**	handrail	**hndrhl**
guilty	**glty**	handshake	**hndshk**
guinea	**gny**	handsome	**hndsm**
guise	**gyz**	handwriting	**hndwrtg**
guitar	**gytr**	handwritten	**hndwrtn**
gutter	**gutr**	handyman	**hndymn**
gymnasium	**jmnzym**	hang	**hng**
gymnastic	**jmnstc**	hanging	**hngng**
		haphazard	**hphzrd**
# Hh		happen	**hpn**
		happening	**hpng**
		happier	**hpyr**
habit	**habt**	happiest	**hpyst**
habitable	**habtbl**	happily	**hply**
habitation	**habtzn**	happy	**hpy**
habitual	**habtwl**	harangue	**hrhng**
habitually	**habtwly**	haranguing	**hrhngng**
had	**hd**	harass	**hrhz**
hair	**har**	harassing	**hrhzg**
hairbreadth	**hrbrdth**	harassment	**hrhzmnt**

harbour	**hrbr**	hear	**hrh**
harbouring	**hrbrng**	heard	**hrd**
hardly	**hrdly**	hearing	**hrng**
hardware	**hrdwr**	heart	**hrt**
harm	**hrm**	heartfelt	**hrtfelt**
harming	**hrmg**	heartiest	**hrtyst**
harmonious	**hrmnyz**	heat	**ht**
harmonise	**hrmnz**	heating	**htg**
harmonising	**hrmnzg**	heater	**htr**
harmonium	**hrmnym**	heatwave	**htwhv**
harmony	**hrmny**	heaven	**hvn**
has	**hz**	heavenly	**hvnly**
hasten	**hzn**	heavier	**hvyr**
hastening	**hzng**	heaviest	**hvyst**
haughty	**hwty**	heavy	**hvy**
haul	**hwl**	hedge	**hej**
haulage	**hwlj**	hedging	**hejg**
haulier	**hwlyr**	heed	**hdh**
hauling	**hwlg**	heeding	**hdhg**
haunt	**hwnt**	heeded	**hdhd**
haunting	**hwntg**	height	**hyt**
have	**hv**	heighten	**hytn**
haven	**havn**	heightening	**hytng**
haversack	**havrsk**	hello	**hlo**
having	**hvg**	help	**hlp**
hazard	**hzrd**	helper	**hlpr**
hazardous	**hzrdwz**	helping	**hlpg**
he	**h**	helpful	**hlpfl**
head	**hd'**	helpless	**hlpls**
head	**hed**	helplessness	**hlplsnz**
headache	**hdak**	hence	**hnz**
headboard	**hdbrd**	henceforth	**hnzfth**
heading	**hedg**	henceforward	**hnzfwrd**
headed	**hedd**	her	**hr**
headlight	**hdlyt**	here	**hre**
headline	**hdlyn**	hereby	**hrby**
headmaster	**hdmastr**	heredity	**hrdty**
headmistress	**hdmstrz**	herein	**hrn**
headquarter	**hdqrtr**	hereof	**hrv**
headway	**hdwy**	hereunder	**hrundr**
health	**hlth**	herewith	**hwth**
healthy	**hlthy**	herself	**hrslf**
healthiest	**hlthyst**	hesitate	**hztt**

hesitating	**hzttg**	homesick	**homsk**
hesitation	**hztzn**	homolgate	**homlgt**
hibernate	**hbrnht**	homolgating	**homlgtg**
hibernating	**hbrnhtg**	homolgation	**homlgzn**
hibernation	**hbrnhzn**	homogeneity	**homjnyty**
hidden	**hidn**	homogeneous	**homjnwz**
hide	**hyd**	homestead	**homstd**
hiding	**hydg**	honest	**hnst**
hideous	**hdyz**	honesty	**hnsty**
high	**hy**	honorary	**hnrhry**
high	**hgh**	honour	**hnr**
higher	**hghr**	honourable	**hnrbl**
highest	**hyst**	honouring	**hnrng**
highlight	**hylyt**	hope	**hp**
highlighting	**hylytg**	hoped	**hpd**
highway	**hywy**	hoping	**hpg**
hike	**hyk**	hopeful	**hpfl**
hiking	**hykg**	hopefully	**hpfuly**
hiker	**hykr**	horrendous	**horndwz**
hilarious	**hlryz**	horizon	**horzn**
hilarity	**hlrty**	horizontal	**horzntl**
him	**hm**	horrible	**horbl**
himself	**hmslf**	horrific	**horfc**
hippopotami	**hpotmi**	horrified	**horfd**
hippopotamus	**hpotmz**	horrify	**horfy**
hire	**hyr**	horrifying	**horfyg**
hiring	**hyrng**	horror	**horor**
his	**hs**	hospital	**hsptl**
historic	**hstorc**	hospitalise	**hsptlz**
historical	**hstorcl**	hospitalising	**hsptlzg**
hoard	**hord**	hospitalisation	**hsptlzn**
hoarding	**hordg**	hostel	**hostl**
holding	**holdg**	hostile	**hostyl**
holiday	**hldy**	hostility	**hostlty**
hollow	**holw**	hosting	**hostg**
homage	**homj**	hostage	**hostj**
home	**hom**	hotel	**htl**
homecoming	**homcmg**	hound	**hwnd**
homeless	**homls**	hounding	**hwndg**
homlessness	**homlsnz**	hour	**hwr**
homeopathic	**homypthc**	hour	**hr'**
homeopathy	**homypthy**	hourly	**hwrly**
home-owner	**homownr**	hourly	**hrly'**

house	**hwz**
housebreaker	**hwzbrkr**
household	**hwzhld**
housing	**hwzg**
housekeeper	**hwzkpr**
housekeeping	**hwzkpg**
housewife	**hwzwyf**
housework	**hwzwrk**
how	**hw**
however	**hwvr**
huge	**hwj**
humane	**hwmhn**
human	**hwmn**
humanitarian	**hwmntryn**
humanity	**hwmnty**
humid	**hwmd**
humidity	**hwmdty**
humiliate	**hwmlyt**
humiliating	**hwmlytg**
humiliation	**hwmlyzn**
humility	**hwmlty**
humorous	**hwmrz**
Hungarian	**Hungryn**
hunting	**huntg**
hurdle	**hrdl**
hurry	**hury**
hurried	**huryd**
hurrying	**huryg**
hurt	**hrt**
hurtful	**hrtfl**
husband	**hsbnd**
hyperactive	**hypractv**
hypermarket	**hyprmrkt**
hypertension	**hyprtnzn**
hyperinflation	**hyprnflhzn**
hygiene	**hyjn**
hygienic	**hyjnc**
hypnotise	**hpnotz**
hypnotising	**hpnotzg**
hypnotisation	**hpnotzn**
hypnotist	**hpnotst**
hypocrite	**hpocrt**
hypocritical	**hpocrtcl**
hypothesis	**hpothss**
hypothesize	**hpothsz**
hypothetical	**hpothtcl**
hysteria	**hstra**
hysterical	**hstrcl**

Ii

Ice	**Iz**
icecream	**izcrm**
ideal	**idyl**
idealise	**idylz**
idealising	**idylzg**
idealisation	**idylzn**
ideally	**idyly**
identical	**idntcl**
identically	**idntcly**
identifiable	**idntfybl**
identification	**idntfczn**
identified	**idntfd**
identifying	**idntfyg**
identity	**idnty**
idle	**idl**
idling	**idlg**
idler	**idlr**
idolise	**idlz**
idolising	**idlzg**
idolisation	**idlzn**
ignite	**ignyt**
igniting	**ignytg**
ignition	**ignzn**
ignominious	**ignomnyz**
ignorant	**ignornt**
ill	**il**
illegal	**ilgl**
illegally	**ilgly**
illegality	**ilglty**
illegibility	**iljblty**
illegible	**iljbl**
illegitimate	**iljtmt**
illicit	**ilzt**

illiciting	**ilztg**	immeasurable	**imzrbl**
illicitation	**ilztzn**	immediacy	**imdyzy**
illimitable	**ilmtbl**	immediate	**imdyt**
illiteracy	**iltrzhy**	immediately	**imdytly**
illiterate	**iltrht**	immemorial	**immoryl**
illness	**ilnz**	immense	**imnz**
illogical	**ilojcl**	immensely	**imnzly**
illuminate	**ilwmnht**	immensity	**imnzty**
illuminating	**ilwmnhtg**	immensurate	**imnzrht**
illumination	**ilwmnhzn**	immerse	**imrz**
illusion	**ilwzn**	immersing	**imrzg**
illusive	**ilwzv**	immersion	**imrzn**
illustrate	**ilstrht**	immethodical	**imthodcl**
illustrating	**ilstrhtg**	immigrant	**imgrnt**
illustration	**ilstrhzn**	immigrate	**imgrht**
illustrative	**ilstrhtv**	immigrating	**imgrhtg**
illustrator	**ilstrhtr**	immigration	**imgrhzn**
illustrious	**ilustryz**	imminent	**imnnt**
image	**imj**	imminently	**imnntly**
imaginable	**imjnbl**	immiscible	**imzbl**
imaginary	**imjnry**	immit	**imt**
imagination	**imjnhzn**	immitting	**imtg**
imaginative	**imjnhtv**	immision	**imzn**
imagine	**imjn**	immobile	**imobl**
imagining	**imjng**	immobilisation	**imoblzn**
imbibe	**mbyb**	immobilise	**imoblz**
imbibing	**mbybg**	immobilising	**imoblzg**
imbibition	**mbbzn**	immobility	**imoblty**
imbue	**mbw**	immoderate	**imodrht**
imbuing	**mbwng**	immoderation	**imodrhzn**
imbuement	**mbwmnt**	immodest	**imodst**
imburse	**mbrz**	immoral	**imorl**
imbursement	**mbrzmnt**	immovable	**imvbl**
imbursing	**mbrzg**	immune	**imwn**
imitable	**imtbl**	immunisation	**imwnzn**
imitate	**imtt**	immunise	**imwnz**
imitating	**imttg**	immunising	**imwnzg**
imitation	**imtzn**	immunity	**imwnty**
imitative	**imttv**	immutability	**imwtblty**
immaculate	**imclht**	immutable	**imwtbl**
immaterial	**imtryl**	impact	**mpact**
immature	**imtur**	impacted	**mpactd**
immaturity	**imturty**	impacting	**mpactg**

impaction	mpacn	impermissible	mprmzbl
impair	mpr	impersonal	mprsnl
impairing	mprng	impersonate	mprsnht
impairment	mprmnt	impersonating	mprsnhtg
impalpable	mpalpbl	impersonation	mprsnhzn
impalpability	mpalpblty	imperspicuity	mprspcwty
impart	mprt	impersuasible	mprswazbl
impartation	mprtzn	impertinent	mprtnnt
impartial	mprzl	imperturbable	mprtrbbl
impartiality	mprzlty	imperviable	mprvybl
impartible	mprtbl	impervious	mprvyz
imparting	mprtg	impetuous	mptwz
impartment	mprtm	impetuousness	mptwznz
impassable	mpsbl	impetus	mptuz
impassability	mpsblty	impiety	mpyty
impassion	mpazn	impinge	mpnj
impatience	mpaznz	impinging	mpnjg
impatien	mpaznt	impingement	mpnjm
impeach	mpch	implacable	mplacbl
impeaching	mpchg	implant	mplnt
impeachment	mpchm	implanting	mplntg
impeccable	mpcbl	implantation	mplntzn
impecuniary	mpcwnry	implement	mplmnt
impecunious	mpcwnyz	implementing	mplmntg
impede	mpd	implementation	mplmntzn
impedible	mpdbl	implicate	mplct
impeding	mpdg	implicating	mplctg
impediment	mpdmnt	implication	mplczn
impel	mpl	implicit	mplzt
impelling	mplg	implicitness	mplztnz
impend	mpnd	implied	mplyd
impending	mpndg	imply	mply
impenetrable	mpntrbl	implying	mplyg
imperative	mprhtv	impolite	mpolyt
imperceptible	mprzptbl	import	mpt
imperfect	mprfct	importing	mptg
imperfection	mprfcn	importer	mptr
imperial	mpryl	importation	mptzn
imperil	mprl	important	mptnt
imperious	mpryz	importing	mptg
imperishable	mprshbl	importune	mptwn
impermanent	mprmnnt	impose	mpz
impermeable	mprmybl	imposing	mpzg

imposition	**mpzn**	impute	**mpwt**
impossible	**mpzbl**	imputing	**mpwtg**
impossibility	**mpzblty**	imputation	**mpwtzn**
imposter	**mpstr**	impure	**mpur**
imposthumate	**mpzthwmt**	in	**n**
impotent	**mpotnt**	inability	**nablty**
impound	**mpwnd**	inaccessible	**naczsbl**
impounding	**mpwndg**	inaccessibility	**naczsblty**
impoverish	**mpovrsh**	inaccurate	**nacrht**
impoverishing	**mpovrshg**	inaccurately	**nacrhtly**
impoverishment	**mpovrshm**	inaction	**nacn**
impracticable	**mpractbl**	inactive	**nactv**
impregnable	**mpregnbl**	inactivity	**nactvty**
impregnate	**mpregnht**	inadaptable	**nadptbl**
impregnating	**mpregnhtg**	inadequate	**nadqt**
impregnation	**mpregnhzn**	inadequacy	**nadqzy**
impresario	**mprsro**	inadequateness	**nadqtnz**
impress	**mprs**	inadmissible	**nadmzbl**
impressing	**mprsg**	inadmission	**nadmzn**
impressive	**mprsv**	inadvertent	**nadvrtnt**
impression	**mprsn**	inadvertently	**nadvrtntly**
impressionable	**mprsnbl**	inadvisable	**nadvzbl**
impressionism	**mprsnsm**	inalienable	**nalynbl**
imprest	**mprst**	inanimate	**nanmt**
imprint	**mprnt**	inanimation	**nanmzn**
imprinting	**mprntg**	inappeasable	**napzbl**
imprison	**mprzn**	inapplicable	**naplcbl**
imprisonment	**mprznmnt**	inappreciable	**naprzybl**
improbability	**mprobblty**	inappropriate	**napropryt**
improbable	**mprobbl**	inarticulate	**nartclht**
improper	**mpropr**	inartistic	**nartstc**
impropriate	**mpropryt**	inattention	**natnzn**
improve	**mprv**	inattentive	**natntv**
improving	**mprvg**	inaudible	**nawdbl**
improvement	**mprvm**	inaugural	**nawgrl**
improvise	**mprovz**	inaugurate	**nawgrht**
improvisation	**mprovzn**	inaugurating	**nawgrhtg**
improvising	**mprovzg**	inauguration	**nawgrhzn**
imprudent	**mprwdnt**	inauspicious	**nawspshz**
impudent	**mpwdnt**	inauthoritative	**nawthrtv**
impudence	**mpwdnz**	inboard	**nbrd**
impulse	**mpulz**	incalculable	**nclclbl**
impulsive	**mpulzv**	incandescent	**ncndsnt**

incandescence	**ncndsnz**	include	**ncld**
incapable	**ncpbl**	included	**nclwdd**
incapacious	**ncpshz**	included	**ncldd**
incapacitate	**ncpztt**	including	**nclwdg**
incapacitating	**ncpzttg**	including	**ncldg**
incapacitation	**ncpztzn**	inclusion	**nclwzn**
incarcerate	**ncrsrht**	inclusion	**nclzn**
incarcerating	**ncrsrhtg**	inclusive	**nclwzv**
incarceration	**ncrsrhzn**	inclusive	**nclzv**
incautious	**ncshz**	incognisant	**ncgnznt**
incendiary	**nsndyry**	incognito	**ncgnto**
incense	**nznz**	incoherent	**ncohrnt**
incentive	**nsntv**	incombustible	**ncmbustbl**
inception	**nzpn**	incohesion	**ncohzn**
incessant	**nzsnt**	income	**ncm**
incest	**nzst**	income tax	**ncmtx**
incestuous	**nzstwz**	incoming	**ncmg**
inch	**nch**	incommensurable	**ncmnzrbl**
inching	**nchg**	incommode	**ncmod**
inchoate	**ncwt**	incommodious	**ncmodyz**
incidence	**nsdnz**	incommunicable	**ncmwncbl**
incident	**nsdnt**	incommunicado	**ncmwncdo**
incidental	**nsdntl**	incommutable	**ncmwtbl**
incidentally	**nsdntly**	incomparable	**ncmprhbl**
incinerate	**nznrht**	incompatible	**ncmpatbl**
incinerating	**nznrhtg**	incompatibility	**ncmpatblty**
incineration	**nznrhzn**	incompetence	**ncmptnz**
incipient	**nzpynt**	incompetent	**ncmptnt**
incinerator	**nznrhtr**	incomplete	**ncmplt**
incise	**nsz**	incompliant	**ncmplynt**
incising	**nszg**	incomprehensible	**ncmprhnzbl**
incision	**nszn**	incomprehension	**ncmprhnzn**
incisive	**nszv**	incompressible	**ncmprsbl**
incite	**nzyt**	incomputable	**ncmpwtbl**
inciting	**nzytg**	inconceivable	**ncnzvbl**
incitement	**nzytm**	inconclusive	**ncnclwzv**
incivil	**nsvl**	inconclusive	**ncnclzv**
inclement	**nclmnt**	incongruity	**ncngrwty**
inclination	**nclnhzn**	incongruous	**ncngrwz**
inclinable	**nclnbl**	inconsequent	**ncnsqnt**
incline	**ncln**	inconsiderate	**ncnsdrht**
inclining	**nclng**	inconsiderable	**ncnsdrbl**
include	**nclwd**	inconsistency	**ncnsstnzy**

inconsistent	**ncnsstnt**	incumbency	**ncmbnzy**
inconsolable	**ncnsolbl**	incur	**ncr**
inconspicuous	**ncnspcwz**	incurred	**ncrd**
inconstant	**ncnstnt**	incurring	**ncrng**
incomsumable	**ncnzumbl**	incurrable	**ncrbl**
incontestable	**ncntstbl**	incurable	**ncwrbl**
incontiguous	**ncntgwz**	incurious	**ncwryz**
incontrollable	**ncntrlbl**	incursion	**ncrzn**
incontrovertable	**ncntrovrtbl**	indebted	**ndetd**
inconvenience	**ncnvnynz**	indebtedness	**ndetdnz**
inconvenience	**ncnvns**	indecency	**ndznzy**
inconvenient	**ncnvnynt**	indecent	**ndznt**
inconvenient	**ncnvnt**	indecipherable	**ndzyfrbl**
inconveniently	**ncnvnyntly**	indecision	**ndszn**
incorporate	**ncrprht**	indecisive	**ndszv**
incorporating	**ncrprhtg**	indecisively	**ndszvly**
incorporation	**ncrprhzn**	indeed	**nddh**
incorrect	**ncrct**	indefatigable	**ndfatgbl**
incorrectly	**ncrctly**	indefeasible	**ndfzbl**
incorrigible	**ncorjbl**	indefensible	**ndfnzbl**
incorrodible	**ncrodbl**	indefinable	**ndfynbl**
incorrupt	**ncrupt**	indefinite	**ndfnt**
incorruptible	**ncruptbl**	indefinitely	**ndfntly**
increase	**ncrz**	indelible	**ndlbl**
increasing	**ncrzg**	indelicate	**ndlct**
increasingly	**ncrzgly**	indemnification	**ndmnfczn**
incredible	**ncrdbl**	indemnify	**ndmnfy**
incredulous	**ncrdlwz**	indemnified	**ndmnfd**
incremate	**ncrmht**	indemnifying	**ndmnfyg**
increment	**ncrmnt**	indemnity	**ndmnty**
incremental	**ncrmntl**	indent	**ndnt**
incriminate	**ncrmnht**	indenting	**ndntg**
incriminating	**ncrmnhtg**	indentation	**ndntzn**
incrimination	**ncrmhzn**	indenture	**ndntur**
incubate	**ncwbt**	independence	**ndpndnz**
incubating	**ncwbtg**	independent	**ndpndnt**
incubation	**ncwbzn**	indescribable	**ndzcrbbl**
inculcate	**nculct**	indeterminable	**ndtrmnbl**
inculcating	**nculctg**	indeterminate	**ndtrmnht**
inculcation	**nculczn**	indetermination	**ndtrmnhzn**
inculpable	**nculpbl**	index	**ndx**
inculpate	**nculpt**	indexing	**ndxg**
incumbent	**ncmbnt**	indexation	**ndxzn**

index linked	ndxlnkd	indoctrination	ndoctrnhzn
Indian	Ndyn	indomitable	ndmtbl
indicate	ndct	indoor	ndr
indicating	ndctg	induce	ndwz
indication	ndczn	inducing	ndwzg
indicative	ndctv	inducement	ndwzmnt
indices	ndzs	induction	nducn
indict	ndt	indulge	ndulj
indicting	ndtg	indulging	nduljg
indiction	ndzn	indulgence	nduljnz
indictment	ndtm	industrial	ndstryl
indifferent	ndfrnt	industrialise	ndstrylz
indifference	ndfrnz	industrialising	ndstrylzg
indiffusible	ndfwzbl	industrialisation	ndstrylzn
indigent	ndjnt	industrialist	ndstrylst
indigenous	ndjnwz	industry	ndstry
indignant	ndgnant	industrious	ndstryz
indignation	ndgnhzn	inebriate	nebryt
indirect	ndrct	inebriation	nebryzn
indiscernible	ndsrnbl	inedible	nedbl
indiscoverable	ndscvrbl	inedibility	nedblty
indiscreet	ndscrt	inedited	nedtd
indiscretion	ndscrzn	ineffable	nefbl
indiscriminate	ndscrmnht	ineffaceable	nefsybl
indispensable	ndspnzbl	ineffective	nefctv
indispose	ndspz	ineffectual	nefctwl
indisposable	ndspzbl	inefficacy	nefczy
indisputable	ndspwtbl	inefficient	nefznt
indissociable	ndsozbl	inelaborate	nelbrht
indissoluble	ndzlwbl	inelastic	nelstc
indissolvable	ndsolvbl	inelegant	nelgnt
indistinct	ndstnct	ineligible	neljbl
indistinctive	ndstnctv	ineloquent	neloqnt
indistinguishable	ndstngwshbl	inept	nept
indite	ndyt	ineptitude	neptwd
indivertible	ndvrtbl	inequable	neqbl
individable	ndvdbl	inequality	neqlty
individual	ndvdwl	inequitable	neqtbl
individually	ndvdwly	ineradicable	neradcbl
individualist	ndvdwlst	inerrable	nerbl
indivisible	ndvzbl	inescapable	nescpbl
indoctrinate	ndoctrnht	inessential	nesnzl
indoctrinating	ndoctrnhtg	inestimable	nestmbl

inevitable	**nevtbl**	infinitesimal	**nfntzml**
inexact	**nxact**	inflame	**nflam**
inexcusable	**nxcwzbl**	inflaming	**nflamg**
inexhaustible	**nxwstbl**	inflammable	**nflambl**
inexhaustive	**nxwstv**	inflammation	**nflamzn**
inexorable	**nxorbl**	inflate	**nflht**
inexpedient	**nxpdynt**	inflating	**nflhtg**
inexpensive	**nxpnzv**	inflation	**nflhzn**
inexperience	**nxprynz**	inflationary	**nflhznry**
inexperiencing	**nxprynzg**	inflexible	**nflxbl**
inexplicable	**nxplcbl**	inflexibility	**nflxblty**
inexplicit	**nxplzt**	inflict	**nflct**
inexpressible	**nxprsbl**	inflicting	**nflctg**
inextinguishable	**nxtngwshbl**	infliction	**nflcn**
inextricable	**nxtrcbl**	influence	**nflwnz**
infallible	**nfalbl**	influencing	**nflwnzg**
infamous	**nfmwz**	influential	**nflwnzl**
infancy	**nfnzy**	inform	**nfm**
infant	**nfnt**	informal	**nfml**
infanticide	**nfntsd**	informality	**nfmlty**
infatuate	**nfatwt**	information	**nfmzn**
infatuating	**nfatwtg**	informative	**nfmtv**
infatuation	**nfatwzn**	informing	**nfmg**
infect	**nfct**	infrequent	**nfrqnt**
infecting	**nfctg**	infrequently	**nfrqntly**
infection	**nfcn**	infringe	**nfrnj**
infectious	**nfcshz**	infringing	**nfrnjg**
infective	**nfctv**	infringement	**nfrnjm**
infer	**nfr**	infuriate	**nfuryt**
inferable	**nfrbl**	infuriating	**nfurytg**
inference	**nfrnz**	infuriation	**nfuryzn**
inferring	**nfrng**	infuse	**nfwz**
inferential	**nfrnzl**	infusing	**nfwzg**
inferior	**nfryr**	infusion	**nfwzn**
inferiority	**nfryrty**	ingenious	**njnyz**
infertile	**nfrtyl**	ingenue	**njnw**
infertility	**nfrtlty**	ingenuity	**njnwty**
infested	**nfstd**	ingenuous	**njnwz**
infestation	**nfstzn**	ingrained	**ngrhnd**
infiltrate	**nfltrht**	ingratiate	**ngrazyt**
infiltrating	**nfltrhtg**	ingratiating	**ngrazytg**
infiltration	**nfltrhzn**	ingratiation	**ngrazyzn**
infinite	**nfnt**	ingratitude	**ngratwd**

ingredient	**ngrdynt**	innoculating	**inoclhtg**
inhabit	**nhabt**	innoculation	**inoclhzn**
inhabitation	**nhabtzn**	innocuous	**inocwz**
inhabited	**nhabtd**	innovate	**inovt**
inhabiting	**nhabtg**	innovating	**inovtg**
inhere	**nhr**	innovation	**inovzn**
inherent	**nhrnt**	innovative	**inovtv**
inherit	**nhrt**	innoxious	**inoxshz**
inheriting	**nhrtg**	innuendo	**inwndo**
inheritance	**nhrtnz**	innumerable	**inwmrbl**
inheriting	**nhrtg**	inobstrusive	**nobstrwzv**
inhibit	**nhbt**	inoffensive	**nofnzv**
inhibiting	**nhbtg**	inofficial	**nofzl**
inhibited	**nhbtd**	inoperable	**noprhbl**
inhibition	**nhbzn**	inoperative	**noprhtv**
inhospitable	**nhsptbl**	inopportune	**noprtwn**
inhouse	**nhwz**	inordinate	**nordnht**
inhuman	**nhwmn**	inorganic	**norgnc**
inimical	**nmcl**	inorganical	**norgncl**
inimitable	**nmtbl**	inorganisation	**norgnzn**
initial	**nshl**	inquest	**nqst**
initially	**nshly**	inquietude	**nqytwd**
initiate	**nshyt**	inquisition	**nqzsn**
initiating	**nshytg**	inquisitive	**nqztv**
initiating	**nshyzn**	inroad	**nrd**
initiative	**nshytv**	insanitary	**nzntry**
inland	**nlnd**	insatiable	**nsazybl**
inject	**njct**	inscription	**nscrpn**
injecting	**njctg**	inscrutable	**nscrwtbl**
injection	**njcn**	insect	**nsct**
injudicious	**njwdshz**	insecure	**nscwr**
injunction	**njuncn**	insecurity	**nscwrty**
injure	**njr**	insensibility	**nznzblty**
injurious	**njryz**	insensible	**nznzbl**
injury	**njry**	insensitive	**nznztv**
inmate	**nmht**	insensitivity	**nznztvty**
input	**nput**	inseparable	**nsprhbl**
inputting	**nputg**	insert	**nsrt**
innate	**inht**	inserting	**nsrtg**
inner	**inr**	insertion	**nsrzn**
innocence	**inosnz**	inset	**nzt**
innocent	**inosnt**	insetting	**nztg**
innoculate	**inoclht**	inside	**nsd**

insidious	**nsdyz**	instillment	**nstlmnt**
insight	**nsyt**	instinct	**nstnct**
insignificant	**nsgnfcnt**	instinctive	**nstnctv**
insincere	**nsnzr**	instinctively	**nstnctvly**
insincerity	**nsnzrty**	institute	**nstwt**
insinuate	**nznwt**	institution	**nstwzn**
insinuating	**nznwtg**	instituting	**nstwtg**
insinuation	**nznwzn**	instituted	**nstwtd**
insipid	**nzpd**	instruct	**nstruct**
insipidity	**nzpdty**	instructing	**nstructg**
insipient	**nzpynt**	instruction	**nstrucn**
insist	**nsst**	instrument	**nstrmnt**
insisting	**nsstg**	instrumental	**nstrmntl**
insistence	**nsstnz**	instrumentation	**nstrmntzn**
insolent	**nsolnt**	insubordinate	**nsbordnht**
insoluble	**nzlwbl**	insubordination	**nsbordnhzn**
insolvency	**nsolvnzy**	insubstantial	**nsbstnzl**
insolvent	**nsolvnt**	insufferable	**nsufrbl**
inspect	**nspct**	insufficient	**nsfznt**
inspecting	**nspctg**	insufficiency	**nsfznzy**
inspection	**nspcn**	insular	**nzulr**
inspector	**nspctr**	insulate	**nzulht**
inspire	**nspr**	insulation	**nzulhzn**
inspiring	**nsprng**	insult	**nsult**
inspiration	**nsprhzn**	insulted	**nsultd**
instability	**nstblty**	insulting	**nsultg**
install	**nstal**	insuperable	**nsuprhbl**
installed	**nstald**	insupportable	**nzportbl**
installing	**nstalg**	insupportive	**nzportv**
installation	**nstalhzn**	insupressible	**nzprsbl**
instalment	**nstalm**	insure	**nzr**
instance	**nstnz**	insurance	**nzrnz**
instant	**nstnt**	insurgent	**nsrjnt**
instantaneous	**nstntnyz**	insurgence	**nsrjnz**
instantly	**nstntly**	insurmountable	**nsrmwntbl**
instead	**nstd**	insurrection	**nzrcn**
instigate	**nstgt**	intact	**ntact**
instigating	**nstgtg**	intactable	**ntactbl**
instigation	**nstgzn**	intake	**ntk**
instigator	**nstgtr**	intaking	**ntkg**
instil	**nstl**	intangible	**ntanjbl**
instilling	**nstlg**	integral	**ntrgrl**
instillation	**nstlhzn**	integrate	**ntgrht**

integrating	**ntgrhtg**	interference	**ntrfrnz**
integration	**ntgrhzn**	interim	**ntrm**
integrity	**ntgrty**	interior	**ntryr**
intellect	**ntlct**	interject	**ntrjct**
intellectual	**ntlctwl**	interjecting	**ntrjctg**
intelligence	**ntljnz**	interjection	**ntrjcn**
intelligent	**ntljnt**	interleave	**ntrlv**
intemperate	**ntmprht**	interlock	**ntrlok**
intend	**ntnd**	interlocution	**ntrlcwzn**
intending	**ntndg**	interlude	**ntrlwd**
intense	**ntnz**	intermarriage	**ntrmhrj**
intensification	**ntnzfczn**	intermarrying	**ntrmhryg**
intensified	**ntnzfd**	intermediary	**ntrmdyry**
intensify	**ntnzfy**	intermediate	**ntrmdyt**
intensifying	**ntnzfyg**	interment	**ntrmnt**
intensity	**ntnzty**	intermigration	**ntrmgrhzn**
intensive	**ntnzv**	interminable	**ntrmnbl**
intent	**ntnt**	intermingle	**ntrmngl**
intentional	**ntnznl**	intermission	**ntrmzn**
intentionally	**ntnznly**	intermit	**ntrmt**
interact	**ntrct**	intermittent	**ntrmtnt**
interacting	**ntrctg**	intermix	**ntrmx**
interaction	**ntrcn**	intermixing	**ntrmxg**
intercede	**ntrzd**	intermingle	**ntrmngl**
interceding	**ntrzdg**	intern	**ntrn**
interceded	**ntrzdd**	internal	**ntrnl**
intercept	**ntrzpt**	international	**ntrnznl**
interception	**ntrzpn**	internationalise	**ntrnznlz**
intercession	**ntrzsn**	internationalising	**ntrnznlzg**
interchange	**ntrchnj**	internationalisation	**ntrnznlzn**
interchangeable	**ntrchnjjbl**	interpret	**ntrprt**
interchanging	**ntrchnjg**	interpreting	**ntrprtg**
intercom	**ntrcm**	interpretation	**ntrprtzn**
intercommunication	**ntrcmnczn**	interpreter	**ntrprtr**
intercontinental	**ntrcntnntl**	interpellate	**ntrplht**
interdependent	**ntrdpndnt**	interpellation	**ntrplhzn**
interdiction	**ntrdcn**	interplay	**ntrplay**
interest	**ntrst**	interpolar	**ntrpolr**
interesting	**ntrstg**	interpolate	**ntrpolht**
interface	**ntrfs**	interpose	**ntrpz**
interfacing	**ntrfsg**	interposing	**ntrpzg**
interfere	**ntrfr**	interposition	**ntrpzn**
interfering	**ntrfrng**	interred	**ntrd**

interring	ntrng	introspect	ntrospct
interrelated	ntrlhtd	introspection	ntrospcn
interrelating	ntrlhtg	introspective	ntrospctv
interrelation	ntrlhzn	introvert	ntrovrt
interrelationship	ntrlhznshp	intrude	ntrwd
interrogate	ntrogt	intruding	ntrwdg
interrogating	ntrogtg	intruder	ntrwdr
interrogation	ntrogzn	intrusion	ntrwzn
interrupt	ntrupt	intrusive	ntrwzv
interrupting	ntruptg	intuition	ntwzn
interruption	ntrupn	intuitive	ntwtv
interval	ntrvl	inundate	inundt
intervene	ntrvn	inundating	inundtg
intervening	ntrvng	inundation	inundzn
intervention	ntrvnzn	invade	nvad
interview	ntrvw	invaded	nvadd
interviewing	ntrvwng	invading	nvadg
interviewer	ntrvwr	invasion	nvazn
intestate	ntstt	invalid	nvld
intestation	ntstzn	invalidating	nvldtg
intimate	ntmt	invalidation	nvldzn
intimacy	ntmzy	invariable	nvrybl
intimating	ntmtg	invasion	nvazn
intimation	ntmzn	inveigh	nvh
intimidate	ntmdt	inveigle	nvhgl
intimidating	ntmdtg	inveiglement	nvhglmnt
intimidation	ntmdzn	inveigling	nvhglng
into	nto	invent	nvnt
intolerable	ntolrbl	inventing	nvntg
intolerant	ntolrnt	invention	nvnzn
intoxicant	ntoxcnt	inventive	nvntv
intoxicate	ntoxct	inventor	nvntr
intoxicating	ntoxctg	inventory	nvntry
intoxication	ntoxczn	inversion	nvrzn
intransitive	ntrnztv	invert	nvrt
intricate	ntryct	inverting	nvrtg
intrigue	ntryg	invest	nvst
intrinsic	ntrnzc	invested	nvstd
introcession	ntrozsn	investigate	nvstgt
introduce	ntrdwz	investigator	nvstgtr
introduction	ntrducn	investigation	nvstgzn
introducing	ntrdwzg	investing	nvstg
introductive	ntrductv	investiture	nvstur

investment	**nvstmnt**	irregularity	**irglrty**
investor	**nvstr**	irrelative	**irlhtv**
investure	**nvstur**	irrelevant	**irlvnt**
inveterate	**nvtrht**	irreligious	**irljyz**
inveterately	**nvtrhtly**	irremediable	**irmdybl**
invidious	**nvdyz**	irremissible	**irmzbl**
invigilate	**nvjlht**	irremovable	**irmvbl**
invigilation	**nvjlhzn**	irreparable	**irprhbl**
invigilator	**nvjlhtr**	irrepressible	**irprsbl**
invigorate	**nvgrht**	irreproachable	**irprwchbl**
invigorating	**nvgrhtg**	irresistibility	**irsstblty**
invigoration	**nvgrhzn**	irresistible	**irsstbl**
invincible	**nvnzbl**	irresolute	**irzlwt**
inviolable	**nvylbl**	irrespective	**irspctv**
inviolate	**nvylht**	irrespectively	**irspctvly**
inviolation	**nvylhzn**	irresponsibility	**irspnzblty**
invisibility	**nvzblty**	irresponsible	**irspnzbl**
invisible	**nvzbl**	irretrievable	**irtrvbl**
invitation	**nvtzn**	irreverent	**irvrnt**
invite	**nvt**	irreverently	**irvrntly**
inviting	**nvtg**	irreversible	**irvrzbl**
invocate	**nvoct**	irrevocable	**irvocbl**
invocating	**nvoctg**	irrevocably	**irvocbly**
invocation	**nvoczn**	irrigable	**irygbl**
invoice	**nvz**	irrigate	**irygt**
invoicing	**nvzg**	irrigating	**irygtg**
involve	**nvolv**	irrigation	**irygzn**
involvement	**nvolvm**	irritable	**irytbl**
involving	**nvolvg**	irritability	**irytblty**
inward	**nwrd**	irritant	**irytnt**
irradiate	**iradyt**	irritate	**irytt**
irradiation	**iradyzn**	irritating	**iryttg**
irradiating	**iradytg**	irritation	**irytzn**
irrational	**iraznl**	isolate	**izlht**
irreciprocal	**irzprocl**	isolating	**izlhtg**
irreclaimable	**irclmbl**	isolation	**izlhzn**
irrecognisable	**ircgnzbl**	isolationist	**izlhznst**
irreconcilable	**ircnzylbl**	issue	**izu**
irrecoverable	**ircvrbl**	issued	**izwd**
irredeemable	**irdmbl**	issuing	**izwng**
irreducible	**irdwzbl**	item	**itm**
irrefutable	**irfwtbl**	itemise	**itmz**
irregular	**irglr**	itemisation	**itmzn**

itemising	**itmzg**	joyful	**jyfl**
itinerant	**itnrnt**	Judaism	**Jwdsm**
itinerary	**itnrhry**	judge	**juj**
iterate	**itrht**	judging	**jujg**
iterating	**itrhtg**	judgement	**jujm**
iteration	**itrhzn**	judgemental	**jujmntl**
itinerant	**itnrnt**	judicial	**jwdzl**
itinerary	**itnrhry**	judiciary	**jwdzry**
itself	**itslf**	judicious	**jwdshz**
		judiciously	**jwdshzly**

Jj

		July	**Jly**
		junction	**juncn**
		juncture	**junctr**
jacket	**jkt**	June	**Jun**
jail	**jhl**	junior	**jnr**
jailer	**jhlr**	jurisdiction	**jrzdcn**
January	**Jnwry**	jurisdictive	**jrzdctv**
jeopardisation	**jprdzn**	jurisprudence	**jrzprwdnz**
jeopardise	**jprdz**	jurist	**jrst**
jeopardising	**jprdzg**	jury	**jry**
jeopardy	**jprdy**	just	**jst**
jettison	**jtsn**	justice	**jstz**
jetty	**jty**	justifiable	**jstfybl**
Jew	**Jw**	justifying	**jstfyg**
jewel	**jwl**	justified	**jstfd**
jewellery	**jwlry**	justification	**jstfczn**
jeweller	**jwlr**	juvenile	**jwvnl**
Jewish	**Jwsh**	juxtapose	**juxtpz**
jobber	**jobr**	juxtaposition	**juxtpzn**
jobbing	**jobg**		
jobless	**jobls**		
join	**jwn**		

Kk

joining	**jwng**		
joinder	**jwndr**	keen	**kn**
joint	**jwnt**	keenly	**knly**
jointly	**jwntly**	keener	**knr**
joiner	**jwnr**	keenest	**knst**
journal	**jrnl**	keep	**kp**
journalist	**jrnlst**	keeper	**kpr**
journey	**jrny**	keeping	**kpg**
journeying	**jrnyg**	kept	**kpt**
joy	**jy**	kettle	**ktl**
joyous	**jyz**	key	**ky**

keyboard	**kybrd**	laboratory	**lbrhtry**
keying	**kyg**	laborious	**lbryz**
kidnap	**kdnp**	labourf	**lbr**
kidnapping	**kdnpg**	laboursaving	**lbrsvg**
kidnapper	**kdnpr**	labourer	**lbrhr**
kill	**kl**	labouring	**lbrng**
killed	**kld**	lack	**lak**
killing	**klg**	lacking	**lakg**
killer	**klr**	laden	**lhdn**
kind	**knd**	lader	**lhdr**
kindly	**kndly**	lading	**lhdg**
kinder	**kndr**	ladylike	**ladylk**
kindest	**kndst**	ladyship	**ladyshp**
kindhearted	**kndhrtd**	laid	**lhd**
kindle	**kndl**	laissez faire	**lhzyfhr**
kindling	**kndlg**	laminate	**lmnht**
king	**kng**	laminating	**lmnhtg**
kingdom	**kngdm**	lamination	**lmnhzn**
kinship	**knshp**	landing	**landg**
kiss	**ks**	landlady	**lndldy**
kissed	**ksd**	landmark	**lndmrk**
kissing	**ksg**	language	**lngwj**
kitchen	**kchn**	lapse	**lapz**
kitchenware	**kchnwhr**	lapsing	**lapzg**
kite	**kyt**	large	**lrj**
kitten	**ktn**	largely	**lrjly**
knew	**knw**	larger	**lrjr**
knife	**nyf**	last	**lzt**
knives	**nyvs**	lasted	**lztd**
knitting	**knitg**	lasting	**lztg**
knock	**nok**	late	**lht**
knocker	**nokr**	lately	**lhtly**
knocking	**nokg**	later	**lhtr**
know	**kno**	lateral	**latrl**
knowing	**knwng**	laterally	**latrly**
knowledge	**knwlj**	latest	**lhtst**
knowledgeable	**knwljbl**	latter	**latr**
		latitude	**latwd**
		laugh	**lawf**
		laughable	**lawfbl**
		laughter	**lawftr**
label	**lb**	laughing	**lawfg**
labelling	**lblg**	launch	**lwnch**

Ll

launching	lwnchg	ledger	ljr
launder	lwndr	left	lft
laundry	lwndry	legacy	lgzy
law	lw'	legal	lgl
lawful	lwfl	legally	lgly
lawfully	lwfuly	legalise	lglz
lawyer	lwyr	legalising	lglzg
laying	lhyg	legalisation	lglzn
lead	ld	legality	lglty
leader	ldr	legate	lght
leading	ldg	legatee	lghty
leadership	ldrshp	legating	lghtg
leaf	lf	legation	lghzn
leaflet	lflt	legend	ljnd
league	lyg	legendary	ljndry
leaguing	lygng	legible	ljbl
leak	lkh	legibility	ljblty
leaked	lkhd	legislate	ljslht
leaking	lkhg	legislating	ljslhtg
lean	ln	legislation	ljslhzn
leaning	ln'g	legislative	ljslhtv
leant	lent	legislator	ljslhtr
leap	lp	legitimacy	ljtmzy
leaping	lpg	legitimate	ljtmt
leapt	lept	leisure	lzr
learn	lrn	lemon	lmn
learned	lrnd	lemonade	lmnhd
learning	lrng	lend	lnd
learner	lrnr	lender	lndr
learnt	lrnt	lending	lndg
lease	lz	length	lnth
leasehold	lzhld	lengthen	lnthn
leaseholder	lzhldr	lengthening	lnthng
leaseholding	lzhldg	lengthy	lnthy
leasing	lzg	lenience	lnynz
least	lst'	lenient	lnynt
leather	lthr	lent	lnt
leave	lv	less	ls
leaver	lvr	lessee	lsy
leaving	lvg	lessen	lsn
lecture	lctur	lesser	lsr
lecturing	lcturng	lesson	lson
lecturer	lctrhr	lessor	lsor

let	lt	lie	ly
lethal	lthl	lied	lyd
lethargic	lthrjc	lieing	lyg
lethargy	lthrjy	lieu	lu
letter	ltr	life	lyf
letterhead	ltrhd	lifeboat	lyfbwt
lettering	ltrng	lifebuoy	lyfbwy
letting	ltg	lifeguard	lyfgrd
lettuce	ltwz	lifeline	lyflyn
level	lvl	lifestyle	lyfstyl
levelled	lvld	lift	lft'
levelling	lvlg	lifted	lftd
lever	lvr	lifting	lftg
leverage	lvrhj	lifter	lftr
levering	lvrng	lifetime	lyftym
levy	lvy	light	lyt
levied	lvyd	lightening	lytng
levying	lvyg	lighting	lytg
level	lvl	lighter	lytr
levelled	lvld	lighthouse	lythwz
levelling	lvlg	lightweight	lytwght
liable	lybl	like	lk
liability	lyblty	likelyhood	lklyhwd
liaise	lyz	liken	lkn
liaising	lyzg	liking	lkg
liaison	lyzn	likeness	lknz
liar	lyr	limelight	lymlyt
libel	libl	limit	lmt
libel	lybl'	limited	lmtd
libelling	lyblg	limitation	lmtzn
libellous	lyblwz	limiting	lmtg
liberal	lbrl	limitless	lmtls
liberalise	lbrlz	limousine	lmwzn
liberalising	lbrlzg	line	lyn
liberalisation	lbrlzn	lineage	lnyj
liberate	lbrht	linear	lnyr
liberating	lbrhtg	liner	lynr
liberation	lbrhzn	lingery	lnjry
library	lbry	linguist	lngwst
librarian	lbrhrn	lining	lyng
licence	lznz	link	lnk
license	lsnz	linking	lnkg
licentiate	lsnzyt	lino	lno

linoleum	**lnolym**	lobby	**loby**
liquer	**lqr**	lobbied	**lobyd**
liquid	**lqd**	lobbying	**lobyg**
liquidation	**lqdzn**	local	**lcl**
liquidator	**lqdtr**	localise	**lclz**
liquidise	**lqdz**	localising	**lclzg**
liquidising	**lqdzg**	locality	**lclty**
liquidisation	**lqdzn**	locally	**lcly**
liquidity	**lqdty**	locate	**lct**
liquify	**lqfy**	locating	**lctg**
liquifying	**lqfyg**	location	**lczn**
liquification	**lqfczn**	lock	**lok**
list	**lst**	locked	**lokd**
listing	**lstg**	locking	**lokg**
listen	**lzn**	locker	**lokr**
listening	**lzng**	locomotion	**locmozn**
listener	**lznr**	locomotive	**locmotv**
literal	**litrl**	lodge	**loj**
literalise	**litrlz**	lodgement	**lojm**
literally	**litrly**	lodger	**lojr**
literary	**ltrhry**	lodging	**lojg**
literate	**ltrht**	logic	**lojc**
literature	**ltrhtur**	logical	**lojcl**
litter	**litr**	logically	**lojcly**
litigate	**ltgt**	logician	**lojzn**
litigating	**ltgtg**	logistic	**lojstc**
litigation	**ltgzn**	London	**Lndn**
little	**ltl**	Londoner	**Lndnr**
livable	**livbl**	lone	**lon**
live	**liv**	lonely	**lonly**
living	**livg**	loneliness	**lonlnz**
lively	**lyvly**	lonesome	**lonsm**
livelyhood	**lyvlyhwd**	long	**lng**
load	**lwd**	longhand	**lnghnd**
loading	**lwdg**	longdistance	**lngdstnz**
loaded	**lwdd**	longterm	**lngtrm**
loaf	**lwf**	longer	**lngr**
loan	**lwn**	longevity	**lngvty**
loaning	**lwng**	longing	**lngng**
loath	**loth**	look	**lwk**
loathe	**lwth**	looking	**lwkg**
loathing	**lwthg**	loop	**lwp**
loathsome	**lwthsm**	loophole	**lwphol**

loose	lws	luncheon	lunchn
loosen	lwsn	luscious	lushz
loosening	lwsng	lustrous	lustrwz
loquacious	loqshz	luxuriant	luxrynt
loquacity	loqzty	luxurious	luxryz
lose	lwz	luxury	luxry
losing	lwzg	lying	lyg'
loss	loz	lyric	lrc
lotion	lozn	lyrical	lrcl
lottery	lotry		
loud	lwd'		
loudly	lwdly		
louder	lwdr'		

Mm

loudspeaker	lwdspkr	macabre	mcbr
lounge	lwnj	machine	mshn
lounging	lwnjg	machination	mshnhzn
lovable	lovbl	machinist	mshnst
love	lov	machinery	mshnry
loving	lovg	macrobiotic	mcrobytc
loveless	lovls	madam	mdm
lover	lovr	made	md
low	lw	madamoiselle	mdmwzl
lower	lwr	magazine	mgzn
lowering	lwrng	magic	mjc
lowest	lwst	magician	mjzn
lozenge	loznj	magisterial	mjstryl
loyal	lwl	magistrate	mjstrht
loyally	lwly	magnanimity	mgnanmty
loyalty	lwlty	magnanimous	mgnanmwz
lubricant	lwbrcnt	magnate	mgnht
lubricate	lwbrct	magnetic	mgntc
lubricating	lwbrctg	magnetise	mgntz
lubrication	lwbrczn	magnetising	mgntzg
lucid	lwzd	magnetisation	mgntzn
lucidity	lwzdty	magnification	mgnfczn
lucrative	lwcrhtv	magnificent	mgnfznt
ludicrous	lwdcrwz	magnified	mgnfd
luggage	lugj	magnifying	mgnfyg
lucky	luky	magnify	mgnfy
luckier	lukyr	magnitude	mgntwd
lumber	lumbr	maid	mhd
luminous	lwmnz	maiden	mhdn
lunching	lunchg	maiden name	mhdnm

mail	**mhl**	malnutrition	**malnwtrzn**
mailing	**mhlg**	malpractice	**malpractz**
mail-order	**mhlordr**	manage	**mnj**
mailbox	**mhlbx**	managing	**mnjg**
main	**mhn**	management	**mnjm**
mainly	**mhnly**	manager	**mnjr**
mainframe	**mhnfrhm**	managerial	**mnjryl**
mainland	**mhnlnd**	managing director	**m'd**
mainspring	**mhnsprng**	managership	**mnjrshp**
mainstay	**mhnsty**	manageress	**mnjrz**
maintain	**mhntn**	mandate	**mndt**
maintaining	**mhntng**	mandating	**mndtg**
maintenance	**mhntnz**	mandatory	**mndtry**
mainstream	**mhnstrm**	manhandle	**mnhndl**
maize	**mhz**	manhandling	**mnhndlg**
majestic	**mjstc**	manifest	**mnfst**
majesty	**mjsty**	manifesting	**mnfstg**
majeure	**mjur**	manifestation	**mnfstzn**
major	**mjr**	manhour	**mnhwr**
majority	**mjrty**	manipulate	**mnplht**
make	**mk**	manipulating	**mnplhtg**
maker	**mkr**	manipulative	**mnplhtv**
make-believe	**mkblv**	mankind	**mnknd**
makeshift	**mkshft**	manmade	**mnmd**
makeup	**mkup**	manned	**mand**
making	**mkg**	manning	**mang**
maladjust	**mlajst**	manner	**manr**
maladjustment	**mlajstm**	mannerism	**manrsm**
maladjusting	**mlajstg**	manor	**mnor**
malaise	**malhz**	mansion	**manzn**
male	**mhl**	mantel	**mantl**
malcontent	**malcntnt**	mantelpiece	**mantlpz**
malevolent	**malvolnt**	manoeuvre	**mnwvr**
malformation	**malfmzn**	manoeuvering	**mnwvrng**
malform	**malfm**	manpower	**mnpwr**
malforming	**malfmg**	manservant	**mnsrvnt**
malicious	**malshz**	manslaughter	**mnslawtr**
malign	**malyn**	manual	**mnwl**
malignant	**malgnnt**	manually	**mnwly**
maligning	**malyng**	manufacturer	**mnfr**
malleability	**malyblty**	manufacture	**mnfctr**
malleable	**malybl**	manufacturing	**mnfctrng**
malingerer	**malngrhr**	many	**mny**

march	**mrch**	maternity	**matrnty**
marcher	**mrchr**	mathematic	**mthmtc**
marching	**mrchg**	mathematical	**mthmtcl**
margin	**mrjn**	mathematician	**mthmtzn**
marginal	**mrjnl**	mating	**mhtg**
marine	**mhrn**	matrimony	**matrmny**
maritime	**mhrtym**	matrimonail	**matrmnyl**
market	**mrkt**	matter	**matr**
marketing	**mrktg**	matting	**matg**
marketable	**mrktbl**	mattress	**matrz**
market place	**mrktplaz**	mature	**mtur**
mark	**mrk**	maturity	**mturty**
marker	**mrkr**	mausoleum	**mwzlym**
marking	**mrkg**	maybe	**myb**
marriage	**mhrj**	mayday	**mydy**
married	**mhryd**	mayonnaise	**mynhz**
marrying	**mhryg**	mayor	**myr**
marshall	**mrshl**	mayoress	**myrz**
martial	**marzl**	maximisation	**maxmzn**
marvel	**marvl**	maximise	**maxmz**
marvellous	**marvlwz**	maximising	**maxmzg**
masculine	**mscwln**	maximum	**maxmm**
mass	**mas**	me	**m**
massacre	**mascr**	meadow	**mdw**
massage	**masj**	meagre	**mgr**
massive	**masv**	meal	**ml**
masquerade	**msqrhd**	mean	**mn**
master	**mastr**	meaning	**mng**
mastering	**mastrng**	meaningful	**mngfl**
masterpiece	**mastrpz**	meant	**mnt**
masticate	**mastct**	meantime	**mntym**
mastication	**mastczn**	meantime	**mntm**
match	**mtch**	meanwhile	**mnwyl**
matching	**mtchg**	measurable	**mzrbl**
mate	**mht**	measure	**mzr**
material	**mtryl**	measurement	**mzrmnt**
materialise	**mtrylz**	measuring	**mzrng**
materialising	**mtrylzg**	meat	**mt'**
materialisation	**mtrylzn**	mechanic	**mcnc**
materialism	**mtrylzm**	mechanical	**mcncl**
materialist	**mtrylst**	mechanism	**mcnzm**
materialistic	**mtrylstc**	mechanising	**mcnzg**
maternal	**matrnl**	mechanisation	**mcnzn**

meddle	**medl**	mentality	**mntlty**
meddling	**medlg**	mention	**mnzn**
meddlesome	**medlsm**	mentioning	**mnzng**
medial	**mdyl**	menu	**mnw**
mediate	**mdyt**	mercantile	**mrcntl**
mediating	**mdytg**	mercenary	**mrznry**
mediation	**mdyzn**	merchandise	**mrchndz**
medical	**mdcl**	merchandising	**mrchndzg**
medication	**mdczn**	merchant	**mrchnt**
medicinal	**mdznl**	mere	**mrh**
medicine	**mdzn**	merely	**mrly**
medieval	**mdvl**	merest	**mrst**
mediocre	**mdycr**	meretricious	**mrtrshz**
meditate	**mdtt**	merge	**mrj**
meditating	**mdttg**	merger	**mrjr**
meditation	**mdtzn**	merging	**mrjg**
mediterranean	**mdtrhnyn**	merit	**mrt**
medium	**mdym**	meritorious	**mrtoryz**
media	**mdya**	merry	**mry**
meet	**mt**	merrier	**mryr**
meeting	**mtg**	mesmerisation	**mzmrzn**
megabyte	**mgabyt**	mesmerise	**mzmrz**
meliorate	**mlyrht**	mesmerising	**mzmrzg**
meliorating	**mlyrhtg**	mesmerism	**mzmrzn**
melioration	**mlyrhzn**	mess	**mz**
mellow	**melw**	message	**mzj**
melodious	**mlodyz**	messenger	**mznjr**
member	**mmbr**	metabolism	**mtablsm**
membership	**mmbrshp**	messrs	**msrs**
memo	**mmo**	metal	**mtl**
memoir	**mmwr**	metallic	**mtlc**
memorandum	**mmrndm**	metallurgy	**mtlrjy**
memorial	**mmryl**	meteorological	**mtrlojcl**
memorisation	**mmrzn**	meteorologist	**mtyrlojst**
memorise	**mmrz**	meter	**mtr**
memorising	**mmrzg**	methodical	**mthd**
memory	**mmry**	methodical	**mthdcl**
menace	**mnhz**	meticulous	**mtcwlz**
menagerie	**mnhjry**	metric	**mtrc**
mend	**mnd**	metropolitan	**mtropoltn**
mendacious	**mndashz**	microcomputer	**mcrocmpwtr**
mending	**mndg**	microfilm	**mcroflm**
menopause	**mnopwz**	microphone	**mcrofn**

microprocessor	**mcroprozsr**	minimising	**mnmzg**
microprocessing	**mcroprozsg**	minimisation	**mnmzn**
microscope	**mcroscp**	minister	**mnstr**
microwave	**mcrowv**	ministerial	**mnstryl**
midday	**mdy**	ministration	**mnstrhzn**
middle	**mdl**	ministry	**mnstry**
middle-aged	**mdlajd**	minor	**mnr**
midday	**mdy**	minority	**mnrty**
midnight	**mdnyt**	minute	**mnwt**
midway	**mdwy**	miracle	**mracl**
midwife	**mdwyf**	miraculous	**mracwlz**
midwifery	**mdwfry**	misadventure	**msadvntur**
midsummer	**mdsumr**	misadvise	**msadvz**
might	**myt**	misalliance	**msalynz**
mighty	**myty**	misapplication	**msaplczn**
migrate	**mgrht**	misapplied	**msaplyd**
migrating	**mgrhtg**	misapprehension	**msaprhnzn**
migration	**mgrhzn**	misappropriate	**msapropryt**
mile	**myl**	misappropriation	**msaspropryzn**
mileage	**mylj**	misbehave	**msbhv**
mileomter	**mylmtr**	misbehaving	**msbhvg**
milk	**mlk**	misbehaviour	**msbhvyr**
milkman	**mlkmn**	misbelieve	**msblv**
millennium	**mlnym**	misbelieving	**msblvg**
milligram	**mlgrm**	miscalculate	**msclclht**
millmeter	**mlmtr**	miscalculating	**msclclhtg**
militant	**mltnt**	miscalculation	**msclclhzn**
military	**mltry**	miscarriage	**mscrhj**
million	**mlyn**	miscarried	**mscaryd**
millionaire	**mlynhr**	miscarry	**mscary**
millionairess	**mlynhrz**	miscarrying	**mscaryg**
mince	**mnz**	miscellaneous	**mslnyz**
mincing	**mnzg**	mischance	**mschnz**
mincer	**mnzr**	mischief	**mschf**
mindless	**myndls**	mischievous	**mschvyz**
minding	**myndg**	misconceive	**mscnzv**
miniature	**mnytur**	misconception	**mscnzpn**
minimum	**mnmm**	misconduct	**mscnduct**
minor	**mynr**	misconstrue	**mscnstrw**
mineral	**mnrl**	misconsturing	**mscnstrwng**
minimal	**mnml**	miscount	**mscwnt**
miniscule	**mnscwl**	miscounting	**mscwntg**
minimise	**mnmz**	misdeed	**msdd**

misdemeanour	**msdmnr**	misread	**msrd**
misdirect	**msdrct**	misrepresent	**msrprsnt**
misdirecting	**msdrctg**	misrepresenting	**msrprsntg**
misdirection	**msdrcn**	misrepresentation	**msrprsntzn**
miserable	**msrbl**	misrepresentative	**msrprsntv**
misery	**msry**	misrule	**msrwl**
misfire	**msfyr**	misruling	**msrwlg**
misfiring	**msfyrng**	miss	**ms**
misfit	**msft**	missing	**msg**
misfortunate	**msftwnht**	mission	**mzn**
misfortune	**msftwn**	missionary	**mznry**
misgiving	**msgvg**	mistake	**mstk**
misgovern	**msgvrn**	mistaken	**mstkn**
misguide	**msgyd**	mistaking	**mstkg**
misguiding	**msgydg**	mistakingly	**mstkgly**
mishandle	**mshndl**	mister	**mr**
mishandling	**mshndlg**	mistook	**mstwk**
mishap	**mshap**	mistreat	**mstrt**
misinform	**msnfm**	mistreating	**mstrtg**
misinforming	**msnfmg**	mistress	**mstrz**
misinterpret	**msntrprt**	misunderstand	**msundrstnd**
misinterpreting	**msntrprtg**	misunderstanding	**msundrstndg**
misinterpretation	**msntrprtzn**	misunderstood	**msundrstwd**
misjudge	**msjuj**	misuse	**msuz**
misjuding	**msjujg**	misusing	**msuzg**
misjudgement	**msjujm**	mitigate	**mtgt**
mislaid	**mslhd**	mitigating	**mtgtg**
mislay	**mslhy**	mitigation	**mtgzn**
mislaying	**mslhyg**	mix	**mx**
misled	**msled**	mixing	**mxg**
mislead	**msld**	mixer	**mxr**
misleading	**msldg**	mobile	**mobl**
mismanage	**msmnj**	mobilise	**moblz**
mismanaging	**msmnjg**	mobilising	**moblzg**
mismanagement	**msmnjm**	mobilisation	**moblzn**
misplace	**msplaz**	mobility	**moblty**
misplacing	**msplazg**	model	**modl**
misplacement	**msplazm**	modelling	**modlg**
misprint	**msprnt**	moderate	**modrht**
mispronounce	**mspronwnz**	moderation	**modrhzn**
misquote	**msqwt**	moderateness	**modrhtnz**
misquoting	**msqwtg**	modern	**modrn**
misquotation	**msqwtzn**	modernise	**modrnz**

modernising	**modrnzg**	mountain	**mwntn**
modernisation	**modrnzn**	mounting	**mwntg**
modified	**modfd**	mountaineering	**mwntnrng**
modify	**modfy**	mouse	**mwz**
modifying	**modfyg**	mouth	**mwth**
modification	**modfczn**	mouthful	**mwthfl**
moist	**mwst**	move	**mv**
moisten	**mwsn**	moving	**mvg**
moment	**momnt**	much	**mch**
momentarily	**momntrly**	muddle	**mudl**
monetary	**montry**	multifarious	**multfhryz**
money	**mony**	multinational	**multnznl**
Monday	**Mndy**	multilateral	**multlatrl**
monition	**monzn**	multimillionnaire	**multmlynhr**
monitor	**montr**	multiple	**multpl**
monopolisation	**mnoplzn**	multiplication	**multplczn**
monopolise	**mnoplz**	multipled	**multplyd**
monopolising	**mnoplzg**	multiplying	**multplyg**
monopoly	**mnoply**	multitude	**multwd**
monotonous	**mnotnwz**	multitudinous	**multwdnz**
monstrosity	**mnstrozty**	municipal	**mwnzpl**
monstrous	**monstrwz**	municipality	**mwnzplty**
month	**mnth**	munition	**mwnzn**
monthly	**mnthly**	murder	**mrdr**
moonlight	**mwnlyt**	murderer	**mrdrhr**
more	**mor**	muscle	**musl**
moreover	**morovr**	museum	**mwzm**
morning	**morng**	mushroom	**mushrm**
mortgage	**mortgj**	mushrooming	**mushrmg**
mortgaging	**mortgjg**	music	**mwsc**
mortgagee	**mortgjy**	musical	**mwscl**
most	**mst**	musician	**mwszn**
mosquito	**mosqto**	must	**mus**
mother	**mothr**	must	**muz**
motion	**mozn**	must	**mus**
motionless	**moznls**	must be	**muzb**
motivate	**motvt**	must be	**musb**
motivating	**motvtg**	mutate	**mwtt**
motivation	**motvzn**	mutation	**mwtzn**
motive	**motv**	mutilate	**mwtlht**
motor	**motr**	mutilating	**mwtlhtg**
motoring	**motrng**	mutilation	**mwtlhzn**
mount	**mwnt**	mutter	**mutr**

mutton	**mutn**
mutual	**mwtl**
mutually	**mwtly**
my	**mi**
myself	**mslf**
mysterious	**mstryz**
mystical	**mstcl**
mystification	**mstfczn**
mystified	**mstfd**
mystify	**mstfy**
mystifying	**mstfyg**
mystique	**mstq**
myth	**mth**
mythical	**mthcl**
mythology	**mthljy**
mythological	**mthljcl**

Nn

nail	**nhl**
nailing	**nhlg**
naive	**nyv**
naked	**nhkd**
nakedness	**nhkdnz**
name	**nm**
naming	**nmg**
nameless	**nmls**
namely	**nmly**
narrative	**nrhtv**
narrow	**narw**
narrower	**narwr**
narrowing	**narwng**
narrowly	**narwly**
narrowminded	**narwmyndd**
nation	**nhzn**
nationwide	**nhznwyd**
national	**naznl**
nationally	**naznly**
nationalise	**naznlz**
nationalising	**naznlzg**
nationalisation	**naznlzn**
nationality	**naznlty**

nationally	**naznly**
native	**nhtv**
natural	**natrl**
naturalise	**natrlz**
naturalising	**natrlzg**
naturalisation	**natrlzn**
naturally	**natrly**
nature	**nhtr**
naught	**nawt**
naughty	**nawty**
nautical	**nawtcl**
navigate	**nvgt**
navigating	**nvgtg**
navigation	**nvgzn**
navy	**nvy**
near	**nr**
nearby	**nrby**
nearer	**nrhr**
nearly	**nrly**
nearing	**nrng**
neat	**nt'**
neatly	**ntly**
neater	**ntr'**
necessarily	**nzsrly**
necessary	**nzsry**
necessitate	**nzstt**
necessitating	**nzsttg**
necessitation	**nzstzn**
necessitous	**nzstwz**
necessity	**nzsty**
neck	**nk**
necklace	**nklhz**
need	**nyd**
need	**nd'**
needing	**nydg**
needful	**nydfl**
needfully	**nydfuly**
needle	**ndl**
needless	**ndls**
needlessly	**ndlsly**
needy	**ndy**
nefarious	**nfryz**
negate	**nght**

negating	**nghtg**	next	**nxt**
negation	**nghzn**	nice	**ns**
negative	**nghtv**	nicely	**nsly**
neglect	**nglct**	nicest	**nszt**
neglectful	**nglctfl**	nicer	**nsr'**
neglecting	**nglctg**	nicotine	**ncotn**
neglection	**nglcn**	night	**nyt**
negligence	**ngljnz**	nightime	**nytym**
negligent	**ngljnt**	nightdress	**nytdrz**
negligible	**ngljbl**	nightgown	**nytgwn**
negotiability	**ngozblty**	nightmare	**nytmhr**
negotiable	**ngozbl**	nightwear	**nytwhr**
negotiate	**ngozt**	nickel	**nkl**
negotiating	**ngoztg**	nine	**nyn**
negotiation	**ngozn**	noble	**nobl**
negotiator	**ngoztr**	nobility	**noblty**
neice	**nz'**	nobody	**nbdy**
neighbour	**nhbr**	nocturnal	**noctrnl**
neighbourhood	**nhbrhwd**	noise	**nz**
neighbouring	**nhbrng**	noisy	**nzy**
neither	**nthr**	noisier	**nzyr**
nerve	**nrv**	noisiest	**nzyst**
nervous	**nrvwz**	noisily	**nzly**
netted	**netd**	nomenclature	**nmncltur**
netting	**netg**	nominal	**nomnl**
network	**ntwrk**	nominate	**nomnht**
neuralgia	**nwrlja**	nominating	**nomnhtg**
neurotic	**nwrotc**	nomination	**nomnhzn**
neutral	**nwtrl**	nominee	**nomny**
neutralise	**nwtrlz**	nonchalant	**nnchlnt**
neutralising	**nwtrlzg**	nondescript	**nndscrpt**
neutralisation	**nwtrlzn**	none	**nn**
never	**nvr**	nonability	**nnablty**
nevertheless	**nvrthls**	nonacceptance	**nnacptnz**
new	**nu**	nonalliance	**nnalynz**
new	**nw'**	non-appearance	**nnaprnz**
newcomer	**nwcmr**	non-attendance	**nnatndnz**
newest	**nwst**	non-committal	**nncmtl**
newly	**nwly**	non-compliance	**nncmplynz**
news	**nws**	non-conformist	**nncnfmst**
newsagent	**nwsajnt**	non-cooperation	**nncoprhzn**
newsletter	**nwsltr**	non-cooperative	**nncoprhtv**
newspaper	**nwspapr**	non-contributory	**nncntrbwtry**

non-delivery	**nndlvry**	note	**nte**
non-effective	**nnefctv**	note	**nt'**
non-executive	**nnxcwtv**	nothing	**nthg**
non-feisance	**nnfznz**	notice	**ntz**
non-fulfilment	**nnfulflm**	noticeable	**ntzybl**
non-implication	**nnmplczn**	noticing	**ntzg**
non-interference	**nnntrfrnz**	note-book	**ntbwk**
non-intervention	**nnntrvnzn**	notifiable	**ntfybl**
non-negotiable	**nnngozbl**	notification	**ntfczn**
non-payment	**nnpmnt**	notify	**ntfy**
non-receipt	**nnrzt**	notified	**ntfd**
non-recurring	**nnrcrng**	noting	**ntg**
non-refundable	**nnrfundbl**	notion	**nozn**
non-returnable	**nnrtrnbl**	notional	**noznl**
non-taxable	**nntxbl**	notoriety	**notryty**
non-viable	**nnvybl**	notorious	**notryz**
non-voting	**nnvotg**	notwithstanding	**ntwthstndg**
nonentity	**nnenty**	nought	**nowt**
nonsense	**nnsnz**	noun	**nwn**
nonsensical	**nnsnzcl**	nourish	**nrsh**
no-one	**nown**	nourishing	**nrshg**
noon	**nwn**	nourishment	**nrshm**
normal	**nrml**	November	**Nvmbr**
normally	**nrmly**	now	**nw**
normalise	**nrmlz**	nowadays	**nwadys**
normalising	**nrmlzg**	noxious	**noxz**
normalisation	**nrmlzn**	nuance	**nwnz**
normality	**nrmlty**	nuclear	**nwclr**
normally	**nrmly**	nucleus	**nyclyz**
north	**nth**	nuisance	**nwznz**
northern	**nthn**	null	**nul**
nose	**noz**	nullification	**nulfczn**
not	**nt**	nullify	**nulfy**
notable	**ntbl**	nullified	**nulfd**
notably	**ntbly**	numb	**num**
notary	**notry**	number	**nmbr**
notarial	**notryl**	numbering	**nmbrng**
notarise	**notrz**	numerable	**nwmrbl**
notarising	**notrzg**	numeracy	**nwmrzy**
notarisation	**notrzn**	numerate	**nwmrht**
notation	**ntzn**	numerical	**nwmrcl**
notation	**notzn**	numerous	**nwmrz**
note-taking	**notkg**	nuptial	**nuptyl**

nurse	**nrz**	obscure	**obscwr**
nursery	**nrzry**	obscurity	**obscwrty**
nursing	**nrzg**	obsequious	**obsqyz**
nurture	**nrtur**	observable	**obsrvbl**
nutrition	**nwtrzn**	observance	**obsrvnz**
nutritional	**nwtrznl**	observant	**obsrvnt**
nutritious	**nwtrshz**	observation	**obsrvzn**
nutriment	**nwtrmnt**	observatory	**obsrvtry**
nylon	**nyln**	observe	**obsrv**
		observer	**obsrvr**
		observing	**obsrvg**
		obsess	**obzs**
		obsessive	**obzsv**

Oo

		obsession	**obzsn**
obdurate	**obdrht**	obsessional	**obzsnl**
obedience	**obdynz**	obsolescent	**obzlsnt**
obedient	**obdynt**	obsolescence	**obzlsnz**
obese	**obz**	obsolete	**obzlt**
obesity	**obzty**	obstacle	**obstcl**
obey	**oby**	obstinate	**obstnht**
obeying	**obyg**	obstinacy	**obstnhzy**
obituary	**obtwry**	obstreperous	**obstrprwz**
object	**objct**	obstructing	**obstructg**
objecting	**objctg**	obstruction	**obstrucn**
objection	**objcn**	obstructive	**obstructv**
objective	**objctv**	obstructionist	**obstrucnst**
objectionable	**objcnbl**	obtain	**obtn**
objurgate	**objrgt**	obtainable	**obtnbl**
objurgating	**objrgtg**	obtaining	**obtng**
objurgation	**objrgzn**	obtrude	**obtrwd**
oblate	**oblht**	obtruding	**obtrwdg**
oblation	**oblhzn**	obtrusive	**obtrwzv**
obligate	**oblgt**	obtrusion	**obtrwzn**
obligating	**oblgtg**	obtuse	**obtwz**
obligation	**oblgzn**	obverse	**obvrz**
obligatory	**oblgtry**	obviate	**obvyt**
oblige	**oblj**	obviation	**obvyzn**
obliging	**obljg**	obviating	**obvytg**
oblique	**oblq**	obvious	**obvyz**
oblivion	**oblvyn**	obviously	**obvyzly**
oblivious	**oblvyz**	obviousness	**obvyznz**
oblong	**oblng**	occasion	**oczn**
obnoxious	**obnoxz**	occasional	**ocznl**
obscene	**obzn**		

occasionally	**ocznly**	offpeak	**ovpk**
occupant	**ocpnt**	offputting	**ovputg**
occupancy	**ocpnzy**	offseason	**ovszn**
occupation	**ocpzn**	offset	**ovzt**
occupational	**ocpznl**	offsetting	**ovztg**
occupied	**ocpd**	offspring	**ovsprng**
occupier	**ocpyr**	often	**oftn**
occupying	**ocpyg**	oil	**ol**
occur	**ocr**	older	**oldr**
occurrence	**ocrnz**	oldest	**oldst**
occurring	**ocrng**	old-established	**oldstblshd**
ocean	**ozn**	old-fashioned	**oldfshnd**
oceanic	**ozync**	old-time	**oldtym**
o'clock	**oclok**	oligarchy	**olgrcy**
octagonal	**octgnl**	olive	**olv**
October	**Octbr**	olympic	**olmpc**
oculist	**oclst**	omelette	**omlt**
odd	**od**	omen	**omn**
oddity	**odty**	ominous	**omnwz**
odious	**odyz**	omission	**omzn**
oddment	**odmnt**	omit	**omt**
of	**v**	omitted	**omtd**
off	**ov**	omitting	**omtg**
offchance	**ovchnz**	omission	**omzn**
offence	**ofnz**	omnifarious	**omnfryz**
offend	**ofnd**	omnipotent	**omnpotnt**
offended	**ofndd**	oniscient	**omnzynt**
offending	**ofndg**	once	**wnz**
offensive	**ofnzv**	oncoming	**oncmg**
offer	**ofr**	one	**wn**
offering	**ofrng**	onerous	**onrwz**
offhand	**ovhnd**	onself	**wnslf**
office	**ofz**	one-sided	**wnsdd**
officer	**ofzr**	one-time	**wntym**
official	**ofzl**	one-way	**wnwy**
officiate	**ofzyt**	ongoing	**ongwng**
officiating	**ofzytg**	online	**onlyn**
officiation	**ofzyzn**	onion	**onyn**
officious	**ofshz**	onlooker	**onlwkr**
officiously	**ofshzly**	onlooking	**onlwkg**
offing	**ofg**	onomatopeia	**onmtpya**
offload	**ovlwd**	onset	**onzt**
offspring	**ovsprng**	onslaught	**onslawt**

onward	**onwrd**	ordain	**ordn**
opaque	**opaq**	ordeal	**ordl**
open	**opn**	order	**ordr**
openhanded	**opnhndd**	ordering	**ordrng**
openhearted	**opnhrtd**	ordinance	**ordnnz**
opening	**opng**	ordinarily	**ordnrly**
operate	**oprht**	ordination	**ordnhzn**
operating	**oprhtg**	organic	**orgnc**
operation	**oprhzn**	organise	**orgnz**
operational	**oprhznl**	organiser	**orgnzr**
operative	**oprhtv**	organising	**orgnzg**
operator	**oprhtr**	organisation	**orgnzn**
operable	**oprhbl**	orient	**orynt**
opinion	**opnyn**	oriental	**oryntl**
opinionative	**opnynhtv**	orientate	**oryntt**
opponent	**opnnt**	orientated	**orynttd**
opportune	**oprtwn**	orientating	**orynttg**
opportunity	**oprtwnty**	orientation	**oryntzn**
opposable	**opzbl**	original	**orjnl**
oppose	**opz**	originality	**orjnlty**
opposing	**opzg**	originally	**orjnly**
opposite	**opzt**	originate	**orjnht**
opposition	**opzn**	originating	**orjnhtg**
oppositional	**opznl**	origination	**orjnhzn**
opress	**oprs**	ornament	**ornmnt**
oppressing	**oprsg**	ornamental	**ornmntl**
oppression	**oprsn**	ornamentation	**ornmntzn**
oppressive	**oprsv**	orphan	**orfn**
optical	**optcl**	orphanage	**orfnhj**
optician	**optzn**	orthopaedic	**orthpdc**
optimal	**optml**	oscillate	**ozlht**
optimist	**optmst**	oscillating	**ozlhtg**
optimistic	**optmstc**	oscillation	**ozlhzn**
optimum	**optmm**	ostensible	**ostnzbl**
option	**opsn**	ostentatious	**ostntshz**
optional	**opsnl**	osteopath	**ostypth**
opulence	**oplnz**	ostracise	**ostrsz**
opulent	**oplnt**	ostracising	**ostrszg**
orange	**ornj**	ostracism	**ostrssm**
orator	**orhtr**	other	**othr**
oratory	**orhtry**	otherwise	**othrwz**
orchestra	**orcstra**	ought	**owt**
orchestration	**orcstrhzn**	ounce	**ownz**

our	ur
ourselves	urslvs
out	ot
outback	otbk
outboarder	otbrdr
outbreak	otbrk
outdated	otdtd
outdoor	otdr
outer	otr
outfit	otft
outgoing	otgwng
outing	otg
outlay	otlhy
outlaying	otlhyg
outlaid	otlhd
outlet	otlt
outline	otlyn
outlining	otlyng
outlying	otlyg
outlook	otlwk
outnumber	otnmbr
outnumbering	otnmbrng
out of date	otvdt
outrage	otrhj
outrageous	otrhjyz
outright	otryt
outsell	otsl
outset	otzt
outside	otsd
outsider	otsdr
outsize	otsz
outskirts	otskrts
oustand	otstnd
outstanding	otstndg
outward	otwrd
ovation	ovzn
oven	ovn
over	ovr
overall	ovral
overbalanced	ovrblnzd
overboard	ovrbrd
overbooked	ovrbwkd
overburdened	ovrbrdnd
overcame	ovrcam
overcharge	ovrchrj
overcharging	ovrchrjg
overcoat	ovrct
overcome	ovrcm
overcoming	ovrcmg
overcrowded	ovrcrwdd
overdraft	ovrdrft
overdrawn	ovrdrwn
overdue	ovrdw
overextend	ovrxtnd
overextended	ovrxtndd
overextending	ovrxtndg
overextension	ovrxtnzn
overflow	ovrflw
overflowing	ovrflwng
overhaul	ovrhwl
overhauling	ovrhwlg
overhead	ovrhd
overheard	ovrhrd
overhearing	ovrhrng
overlook	ovrlwk
overlooking	ovrlwkg
overrate	ovrht
overrating	ovrhtg
override	ovryd
overriding	ovrydg
overseas	ovrzs
overshadow	ovrshadw
oversight	ovrsyt
overseer	ovrzr
oversell	ovrsl
overspend	ovrspnd
overspending	ovrspndg
overstaffed	ovrstfd
overstocked	ovrstokd
overstocking	ovrstokg
oversubscribed	ovrsbscrbd
overtaken	ovrtkn
overtaking	ovrtkg
overtaxed	ovrtxd
overtime	ovrtym
overtook	ovrtwk

overturn	**ovrtrn**	painful	**pnfl**
overturning	**ovrtrng**	painfully	**pnfuly**
overwhelm	**ovrwelm**	painless	**pnls**
overwhelming	**ovrwelmg**	painlessly	**pnlsly**
overwrought	**ovrawt**	paint	**pnt**
ovulate	**ovlht**	painting	**pntg**
ovulation	**ovlhzn**	painted	**pntd**
overweight	**ovrwght**	painter	**pntr**
overwork	**ovrwrk**	paintwork	**pntwrk**
owe	**ow**	pall	**pal**
owing	**owg**	pair	**pr**
owner	**ownr**	palatable	**plhtbl**
ownership	**ownrshp**	palace	**plhz**
oxidisation	**oxdzn**	palatial	**plhzl**
oxidise	**oxdz**	palladium	**plhdym**
oxygen	**oxjn**	pallet	**palet**
		palliasse	**palyz**
		palliate	**palyt**
		palliation	**palyzn**
		palliative	**palytv**

Pp

		palpable	**palpbl**
pace	**paz**	palpitate	**palptt**
pacification	**pazfczn**	palpitation	**palptzn**
pacifist	**pazfst**	pamphlet	**pmflt**
pacified	**pazfd**	pandemonium	**pandmnym**
pacify	**pazfy**	panel	**panl**
pacifying	**pazfyg**	panelling	**panlg**
pacific	**pzfc**	panic	**panc**
pacing	**pazg**	pandemonium	**pandmnym**
pack	**pk**	panicking	**pancg**
package	**pkj**	pantechnicon	**pantcncn**
packaging	**pkjg**	panorama	**panrma**
packer	**pkr**	panoramic	**panrmc**
packet	**pkt**	pantomime	**pantmym**
padding	**padg**	paper	**papr**
paddle	**padl**	paperback	**paprbk**
padlocking	**padlokg**	papering	**paprng**
page	**pj**	paperhanging	**paprhngng**
pageant	**pjnt**	paperwork	**paprwrk**
paginate	**pjnht**	parable	**prhbl**
paginating	**pjnhtg**	parachute	**prhshwt**
pagination	**pjnhzn**	parable	**prhbl**
paid	**pd**	parade	**prhd**
pain	**pn**		

parading	**prhdg**	particularisation	**prtclrzn**
paradise	**prhdz**	particularise	**prtclrz**
paradox	**prhdx**	particularising	**prtclrzg**
paraphernalia	**prhfrnla**	particularly	**prtclrly**
paragraph	**prhgrf**	partly	**prtly**
parameter	**prhmtr**	parting	**prtg**
paraffin	**prhfn**	part-time	**prtym**
paragraph	**prhgrf**	partition	**prtzn**
parallel	**prhll**	partitioning	**prtzng**
parallelogram	**prhllogrm**	partner	**prtnr**
paralyse	**prhlz**	partnering	**prtnrng**
paralysing	**prhlzg**	partnership	**prtnrshp**
paralysis	**prhlss**	partake	**prtk**
paramount	**prhmwnt**	partaking	**prtkg**
paraphernalia	**prhfrnla**	partook	**prtwk**
parasite	**prhsyt**	party	**prty**
parcel	**prsl**	pass	**ps**
pardon	**prdn**	passability	**psblty**
parent	**parnt**	passable	**psbl**
parentage	**parntj**	passage	**psj**
parental	**parntl**	passenger	**psnjr**
parenthesis	**parnthss**	passing	**psg**
parenthesize	**parnthsz**	passion	**pazn**
parliament	**prlymnt**	passionate	**paznht**
parliamentarian	**prlymntryn**	passport	**pspt**
parliamentary	**prlymntry**	password	**pswrd**
parochial	**procyl**	pastime	**pstym**
parquet	**prqy**	pasteurise	**pstwrz**
parsimonious	**parsmnyz**	pasteurisation	**pstwrzn**
parson	**parsn**	paternal	**patrnl**
part	**prt**	paternity	**patrnty**
partake	**prtk**	path	**pth**
partaken	**prtkn**	pathetic	**pthtc**
partaking	**prtkg**	pathological	**pthljcl**
parted	**prtd**	pathology	**pthljy**
partial	**przl**	pathway	**pthwy**
participant	**prtzpnt**	patience	**paznz**
participate	**prtzpt**	patient	**paznt**
participating	**prtzptg**	patiently	**pazntly**
participation	**prtzpzn**	patriarch	**patryrc**
participle	**prtzpl**	patriot	**patryt**
particle	**prtcl**	patriotic	**patrytc**
particular	**prtclr**	patriotism	**patrytsm**

patrolled	**patrold**	peering	**prng**
patrolling	**patrolg**	pelted	**peltd**
patronise	**patronz**	pelting	**peltg**
patronising	**patronzg**	peerage	**prhj**
patronisation	**patronzn**	peevish	**pvsh**
pattern	**patrn**	pen	**pn'**
pause	**pwz**	penal	**pnl**
pausing	**pwzg**	penalise	**pnlz**
pave	**pv**	penalising	**pnlzg**
pavement	**pvmnt**	penalisation	**pnlzn**
paving	**pvg**	penalty	**pnlty**
pawn	**pwn**	pence	**pnz**
pawnbroker	**pwnbrokr**	pencil	**pnsl**
pavillion	**pvlyn**	pending	**pndg**
pay	**py**	pendulous	**pndwlz**
payable	**pybl**	pendulum	**pndwlm**
paying	**pyg**	penetrate	**pntrht**
payment	**pmnt**	penetrating	**pntrhtg**
peace	**pz**	penetration	**pntrhzn**
peaceful	**pzfl**	penguin	**pngwn**
peacefully	**pzfuly**	penniless	**pnyls**
peacefulness	**pzfulnz**	penninsula	**pnnsla**
peacemaker	**pzmkr**	penny	**pny**
peacemaking	**pzmkg**	penitence	**pntnz**
peacetime	**pztym**	penitent	**pntnt**
peach	**pch**	penitentiary	**pntnzry**
peak	**pk'**	pension	**pnzn**
pearl	**prl**	pensionable	**pnznbl**
peanut	**pnut**	pensioner	**pnznr**
peasant	**pznt**	penthouse	**pnthwz**
peculiar	**pcwlyr**	penultimate	**pnultmt**
peculiarity	**pcwlyrty**	penurious	**pnwryz**
pecuniary	**pcwnry**	people	**ppl**
pedagogue	**pdgog**	peppercorn	**peprcorn**
peddle	**pdl**	per annum	**pranm**
pedestal	**pdstl**	per capita	**prcpta**
pedestrian	**pdstryn**	perambulate	**pramblht**
pedigree	**pdgry**	perambulating	**pramblhtg**
pedlar	**pdlr**	perambulator	**pramblhtr**
peel	**pl**	perceivable	**przvbl**
peeling	**plg**	perceive	**przv**
peep	**pp**	perceiving	**przvg**
peer	**pr'**	percent	**prznt**

percentage	**przntj**	permanently	**prmnntly**
percentile	**przntl**	permeable	**prmybl**
perceptible	**przptbl**	permissible	**prmzbl**
perception	**przpn**	permeate	**prmyt**
perceptive	**przptv**	permeating	**prmytg**
perchance	**prchnz**	permeation	**prmyzn**
percipient	**przpynt**	permission	**prmzn**
percolate	**prclht**	permit	**prmt**
percolating	**prclhtg**	permitting	**prmtg**
percolation	**prclhzn**	permutate	**prmwtt**
peremptory	**prmptory**	permutating	**prmwttg**
perfect	**prfct**	permutation	**prmwtzn**
perfecting	**prfctg**	pernicious	**prnshz**
perfection	**prfcn**	perpendicular	**prpndclr**
perfectionism	**prfcnsm**	perpetrate	**prptrht**
perfectionist	**prfcnst**	perpetration	**prptrhzn**
perfidious	**prfdyz**	perpetrating	**prptrhtg**
perfidy	**prfdy**	perpetual	**prptwl**
perforate	**prfrht**	perpetually	**prptwly**
perforating	**prfrhtg**	perpetuate	**prptwt**
perforation	**prfrhzn**	perpetuating	**prptwtg**
perforce	**prfz**	perpetuation	**prptwzn**
perform	**prfm**	perplex	**prplx**
performance	**prfmnz**	perplexing	**prplxg**
performing	**prfmg**	perplexity	**prplxty**
perfume	**prfwm**	perquisite	**prqzt**
perfumery	**prfwmry**	persecute	**prscwt**
perfunctory	**prfunctry**	persecution	**prscwzn**
perhaps	**prhps**	persecuting	**prscwtg**
peripheral	**prfrhl**	perseverance	**prsvr**
periphery	**prfry**	perseverance	**prsvrnz**
peril	**prl**	persevering	**prsvrng**
perilous	**prlwz**	persist	**prsst**
perish	**prsh**	persisting	**prsstg**
perishing	**prshg**	persistence	**prsstnz**
perishable	**prshbl**	persistent	**prsstnt**
period	**prd**	person	**prsn**
periodic	**prdc**	personal	**prsnl**
periodical	**prdcl**	personalise	**prsnlz**
perjure	**prjr**	personalising	**prsnlzg**
perjury	**prjry**	personalisation	**prsnlzn**
perjuring	**prjrng**	personality	**prsnlty**
permanent	**prmnnt**	personnel	**prsnel**

personification	**prsnfczn**	petty	**pty**
personify	**prsnfy**	pettycash	**ptycsh**
personified	**prsnfd**	pharmaceutical	**farmzwtcl**
personifying	**prsnfyg**	pharmacy	**farmzy**
perspective	**prsptv**	pharmacist	**farmsst**
perspex	**prspx**	phase	**fhz**
perspicacious	**prspcshz**	phasing	**fhzg**
perspicuous	**prspcwz**	phenomena	**fnomna**
perspire	**prspr**	phenomenal	**fnomnl**
perspiration	**prsprhzn**	phenomenon	**fnomnn**
persuade	**prswad**	philanthropy	**flnthropy**
persuasion	**prswazn**	philanthropic	**flnthropc**
persuading	**prswadg**	philatelist	**flhtlst**
persuasive	**prswazv**	philosopher	**flosfr**
pertain	**prtn**	philosophy	**flosfy**
pertaining	**prtng**	philosophic	**flosfc**
pertainment	**prtnm**	philosophical	**flosfcl**
pertinacity	**prtnzty**	philosophise	**flosfz**
pertinent	**prtnnt**	philosophising	**flosfzg**
pertinacious	**prtnashz**	phial	**fyl'**
pertinacity	**prtnazty**	phone	**fn**
perturb	**prtrb**	phonetic	**fnetc**
perturbation	**prtrbzn**	phoning	**fng**
perturbing	**prtrbg**	phonographic	**fnogrfc**
perusal	**prwzl**	photo	**fto**
perusing	**prwzg**	photocopy	**ftocpy**
pervade	**prvad**	photocopier	**ftocpyr**
pervading	**prvadg**	photocopying	**ftocpyg**
pervasive	**prvazv**	photogenic	**ftojnc**
perverse	**prvrz**	photograph	**ftogrf**
perversion	**prvrzn**	photographer	**ftogrfr**
pervert	**prvrt**	photographing	**ftogrfg**
petroleum	**ptrolym**	photostat	**ftostt**
peverting	**pvrtg**	physic	**fzc**
pessimism	**pzmzm**	physical	**fzcl**
pessimist	**pzmst**	physician	**fzsn**
pessimistic	**pzmstc**	physicist	**fzst**
peter	**ptr**	physiological	**fzyljcl**
petering	**ptrng**	physiologist	**fzyljst**
petition	**ptzn**	physiology	**fzyljy**
petitioning	**ptzng**	physiotherapy	**fzythrpy**
petitioner	**ptznr**	physique	**fzq**
petroleum	**ptrolym**	pianist	**pynst**

piano	**pyno**	pinpoint	**pnpwnt**
pick	**pc**	pinpointing	**pnpwntg**
pickaxe	**pcax**	pioneer	**pynr**
picket	**pct**	pirate	**pyrht**
picketing	**pctg**	pirating	**pyrhtg**
pickle	**pcl**	pirouette	**prwt**
picnic	**pcnc**	pipe	**pyp**
picnicing	**pcncg**	pitch	**ptch**
pictograph	**pctogrf**	pitching	**ptchg**
pictorial	**pctoryl**	pioneer	**pynr**
picture	**pctur**	pioneering	**pynrng**
picturesque	**pctursq**	pity	**pty**
piece	**pz'**	piteous	**ptyz**
piece	**pc**	piteable	**ptybl**
pieced	**pzd**	placard	**placrd**
piecing	**pzg**	placate	**plact**
piecemeal	**pzml**	placating	**plactg**
piecework	**pzwrk**	placation	**placzn**
pier	**pyr**	place	**plaz**
pierce	**pys**	placing	**plazg**
piercing	**pysg**	placement	**plazm**
pigeon	**pjn**	plague	**plag**
pigeonhole	**pjnhol**	plagiarise	**plagrz**
pigeonholing	**pjnholg**	plagiarism	**plagrsm**
pigmentation	**pgmntzn**	plain	**plhn**
pike	**pyk**	plaint	**plhnt**
pikestaff	**pykstf**	plaintiff	**plhntf**
pile	**pyl**	plan	**pln**
pile-up	**pylup**	planned	**plnd**
pilfer	**plfr**	planning	**plng**
pilferage	**plfrhj**	planner	**plnr**
pilfering	**plfrng**	plant	**plnt**
pilferer	**plfrhr**	planting	**plntg**
pillage	**plhj**	plantation	**plntzn**
pillaging	**plhjg**	plate	**plat**
pilgrim	**plgrm**	plated	**platd**
pilgrimage	**plgrmj**	plateau	**platw**
piling	**pylg**	platform	**platfm**
pillion	**plyn**	platinum	**platnm**
pillow	**plw**	plating	**platg**
pillowcase	**plwcs**	platitude	**platwd**
pilo	**pylt**	plausible	**plwzbl**
pinching	**pnchg**	plausibility	**plwzblty**

playback	**playbk**	pocketing	**poktg**
player	**playr**	poem	**pwm**
playground	**playgrwnd**	poet	**pwt**
playing	**playg**	poetess	**pwtz**
playmate	**playmht**	poetical	**pwtcl**
plea	**ply'**	point	**pwnt**
plead	**pld**	pointer	**pwntr**
pleading	**pldg**	pointing	**pwntg**
pleasant	**plznt**	pointed	**pwntd**
pleasantness	**plzntnz**	pointless	**pwntls**
please	**pls**	poison	**pwsn**
pleasing	**plsg**	poisonous	**pwsnz**
pleasure	**plzr**	police	**plz**
pleasurable	**plzrbl**	policeforce	**plzfz**
pledge	**plej**	policeman	**plzmn**
pledging	**plejg**	policemen	**plzmn'**
plenary	**plnry**	policestation	**plzstzn**
plenipotentiary	**plnpotnzry**	policewoman	**plzwmn**
plenitude	**plntwd**	policewoman	**plzwmn'**
plenteous	**plntyz**	policy	**polzy**
plentiful	**plntfl**	polish	**polsh**
plenty	**plnty**	polisher	**polshr**
pliable	**plybl**	polishing	**polshg**
pliability	**plyblty**	polite	**polyt**
pliant	**plynt**	politely	**polytly**
plied	**plyd**	politeness	**polytnz**
plying	**plyg**	politic	**poltc**
plight	**plyt**	political	**poltcl**
plough	**plw**	politician	**poltzn**
ploughman	**plwmn**	poll	**pol**
ploughshare	**plwshr**	pollute	**plwt**
plumb	**plum'**	polluted	**plwtd**
plumber	**plumr**	polluting	**plwtg**
plummet	**plumt**	pollution	**plwzn**
plunge	**plunj**	polytechnic	**polytcnc**
plunging	**plunjg**	polythene	**polythn**
plural	**plwrl**	pompous	**pmpz**
pluralise	**plwrlz**	pomposity	**pmpzty**
pluralising	**plwrlzg**	pompousness	**pmpznz**
plurality	**plwrlty**	ponderous	**pondrwz**
pneumatic	**nwmtc**	pool	**pwl**
poach	**pwch'**	pooling	**pwlg**
pocket	**pokt**	poor	**por**

poorer	**porhr**	poster	**pstr**
populace	**poplhz**	posterity	**pstrty**
population	**poplhzn**	posthumous	**psthwmz**
popular	**poplr**	posting	**pstg**
popularisation	**poplrzn**	postman	**pstmn**
popularise	**poplrz**	postmortem	**pstmortm**
popularising	**poplrzg**	postpone	**pstpn**
popularity	**poplrty**	postponing	**pstpng**
populate	**poplht**	postponement	**pstpnm**
populating	**poplhtg**	postulate	**pstwlht**
population	**poplhzn**	postulating	**pstwlhtg**
pornography	**porngrfy**	potato	**ptto**
porous	**porwz**	postulation	**pstwlhzn**
portable	**portbl**	potential	**potnzl**
portability	**portblty**	potion	**pozn**
potential	**potnzl**	potter	**potr**
portentious	**portnshz**	pouch	**pwch**
porter	**portr**	poultry	**pwltry**
portion	**porzn**	poulterer	**pwltrhr**
portmanteau	**portmntw**	poultice	**pwltz**
portrait	**portrht**	pound	**pwnd**
portraiture	**portrhtr**	poundage	**pwndj**
portray	**portry**	pounding	**pwndg**
portraying	**portryg**	pour	**por'**
position	**pzn**	pouring	**porng**
positioning	**pzng**	powder	**pwdr**
positive	**pztv**	power	**pwr**
positively	**pztvly**	powerful	**pwrfl**
possess	**pzs**	powerfully	**pwrfuly**
possessing	**pzsg**	powerless	**pwrls**
possession	**pzsn**	practicability	**practblty**
possessive	**pzsv**	practicable	**practcbl**
possessor	**pzsr**	practical	**practcl**
possessiveness	**pzsvnz**	practice	**practz**
possibility	**psblty**	practicing	**practzg**
possible	**psbl**	practitioner	**practznr**
post	**pst**	praise	**praz**
post office	**pstofz**	praising	**prazg**
postage	**pstj**	preach	**prch**
postal	**pstl**	preacher	**prchr**
postcard	**pstcrd**	preaching	**prchg**
postdate	**pstdt**	preacquaint	**pryqnt**
postdating	**pstdtg**	preacquaintance	**pryqntnz**

preacquainting	**pryqntg**	prefer	**prfr**
preamble	**prymbl**	preferable	**prfrbl**
prearrange	**pryrnj**	preference	**prfrnz**
prearranging	**pryrnjg**	preferential	**prfrnzl**
prearrangement	**pryrnjm**	preferment	**prfrmnt**
precaution	**pryczn**	prefigure	**pryfgr**
precautionary	**prycznry**	prefigurative	**pryfgrhtv**
precede	**pryzd**	prefix	**pryfx**
preceding	**pryzdg**	prefixing	**pryfxg**
precedence	**przdnz**	prejudice	**prjwdz**
precedent	**przdnt**	prejudicial	**prjwdzl**
precience	**przynz**	preliminary	**prlmnry**
precious	**prshz**	premature	**prmtur**
precipice	**przpz**	premeditate	**prymdtt**
precipitate	**przptt**	premeditating	**prymdttg**
precipitating	**przpttg**	premeditation	**prymdtzn**
precipitation	**przptzn**	premier	**prmyr**
precipitous	**przptwz**	premises	**prems**
precise	**prsz**	pre-natal	**prynhtl**
precisely	**prszly**	preoccupation	**pryocpzn**
precision	**prszn**	preoccupied	**pryocpd**
preclude	**prycld**	preoccupation	**pryocpzn**
precluding	**prycldg**	prepaid	**prypd**
preclusion	**pryclzn**	preparatory	**prprhtry**
precognition	**prycgnzn**	prepare	**prpr**
preconceive	**prycnzv**	preparing	**prprng**
preconception	**prycnzpn**	prepay	**prypy**
precondition	**prycndzn**	prepaying	**prypyg**
predate	**prydt**	prepayment	**prypmnt**
predecease	**prydzys**	preponderate	**prypndrht**
predeceasing	**prydzysg**	preponderating	**prypndrhtg**
predecessor	**prydzsr**	preposition	**prypzn**
predestination	**prydstnhzn**	prepossess	**prypzs**
predestined	**prydstnd**	prepossessing	**prypzsg**
predetermine	**prydtrmn**	prepossession	**prypzsn**
predetermining	**prydtrmng**	preposterous	**prypstrwz**
predictable	**prdctbl**	prequalification	**pryqlfczn**
prediction	**prdcn**	prequalify	**pryqlfy**
predilection	**prdlcn**	prequalified	**pryqlfd**
predisposed	**prydspzd**	prequalifying	**pryqlfyg**
predisposition	**prydspzn**	prerequisite	**prqzt**
predominating	**prydmnhtg**	prerogative	**progtv**
predomination	**prydmnhzn**	prescience	**prsynz**

prescribe	**prscrb**	prevarication	**prvryczn**
prescribing	**prscrbg**	prevent	**prvnt**
prescription	**prscrpzn**	preventible	**prvntbl**
presence	**prsnz**	prevention	**prvnzn**
present	**prsnt**	preventing	**prvntg**
presentation	**prsntzn**	preventive	**prvntv**
presentiment	**prsntmnt**	preview	**pryvw**
presenting	**prsntg**	previewing	**pryvwng**
presenter	**prsntr**	previous	**prvyz**
preservation	**prsrvzn**	previously	**prvyzly**
preservative	**prsrvtv**	previse	**pryvz**
preserve	**prsrv**	prevision	**pryvzn**
preserving	**prsrvg**	previsional	**pryvznl**
preside	**prsd**	price	**prc**
president	**prsdnt**	priced	**prcd**
presidential	**prsdnzl**	priceless	**prcls**
presiding	**prsdg**	pride	**pryd**
press	**prs**	primate	**prymht**
pressing	**prsg**	prime	**prym**
pressure	**przrr**	priming	**prymg**
pressurise	**przrz**	primitive	**prmtv**
pressurising	**przrzg**	prince	**prnz**
pressurisation	**przrzn**	princess	**prnzs**
prestige	**prstj**	principal	**prnspl**
prestigious	**prstjyz**	principle	**prnzpl**
presume	**przum**	print	**prnt**
presuming	**przumg**	printer	**prntr**
presumption	**przumpn**	printing	**prntg**
presumptuous	**przumptwz**	priority	**pryrty**
presuppose	**pryspz**	prise	**prys**
presupposing	**pryspzg**	prising	**prysg**
presupposition	**pryspzn**	prisoner	**prznr**
pretence	**prtnz**	prison	**przn**
pretend	**prtnd**	privacy	**prvzy**
pretending	**prtndg**	private	**prvt**
pretension	**prtnzn**	privatise	**prvtz**
pretext	**prtxt**	privatisation	**prvtzn**
prevail	**pryvl**	privatising	**prvtzg**
prevailing	**pryvlg**	privilege	**prvlj**
prevalent	**prvlnt**	privileging	**prvljg**
prevalence	**prvlnz**	prize	**prz**
prevaricate	**prvryct**	prized	**przd**
prevaricating	**prvryctg**	prizing	**przg**

probability	**problty**	profiteering	**proftrng**
probable	**probl**	profuse	**profwz**
probate	**probt**	profusion	**profwzn**
probation	**probzn**	programme	**progrm**
probationary	**probznry**	programmer	**progrmr**
problem	**problm**	programming	**progrmg**
problematical	**problmtcl**	progress	**progrz**
proceed	**prozd**	progressing	**progrzg**
procedure	**prozdr**	progression	**progrzn**
procedural	**prozdrl**	progressive	**progrzv**
proceeding	**prozdg**	prohibit	**prohbt**
process	**prozs**	prohibiting	**prohbtg**
procession	**prozsn**	prohibitive	**prohbtv**
processional	**prozsnl**	project	**projct**
processing	**prozsg**	projecting	**projctg**
proclaim	**proclm**	projection	**projcn**
proclaiming	**proclmg**	proliferate	**prolfrht**
proclamation	**proclmzn**	proliferating	**prolfrhtg**
procrastinate	**procrstnht**	proliferation	**prolfrhzn**
procrastinating	**procrstnhtg**	prolific	**prolfc**
procrastination	**procrstnhzn**	prologue	**prolog**
procurable	**procwrbl**	prolong	**prolng**
procure	**procwr**	prolonging	**prolngng**
procurement	**procwrmnt**	prolongation	**prolngzn**
produce	**prodz**	prolonging	**prolngng**
producing	**prodzg**	promenade	**promnhd**
production	**prodcn**	promenading	**promnhdg**
productive	**prodctv**	promise	**proms**
productivity	**prodctvty**	promising	**promsg**
profess	**profz**	promissory	**promsry**
professing	**profzg**	promontory	**promntry**
profession	**profzn**	promote	**promt**
professional	**profznl**	promoting	**promtg**
professor	**profzr**	promotion	**promzn**
proffer	**profr**	promptitude	**promptwd**
proffering	**profrng**	promulgate	**promlgt**
proficiency	**profznzy**	promulgating	**promlgtg**
proficient	**profznt**	promulgation	**promlgzn**
profile	**profyl**	pronounce	**pronwnz**
profit	**proft**	pronouncing	**pronwnzg**
profiting	**proftg**	pronouncement	**pronwnzm**
profitable	**proftbl**	pronunciation	**pronunzyzn**
profiteer	**proftr**	propaganda	**propgnda**

propagate	**propgt**	protesting	**protstg**
propagating	**propgtg**	protocol	**protcl**
propagation	**propgzn**	protracted	**protrctd**
propel	**propl**	protraction	**protrcn**
propeller	**proplr**	protuberance	**protwbrnz**
proper	**propr**	proud	**prwd**
property	**proprty**	prove	**prv**
prophet	**proft'**	proving	**prvg**
prophetic	**proftc**	provencal	**provncl**
propitiate	**propzyt**	proverbial	**provrbyl**
propitiable	**propzybl**	provide	**provd**
propitious	**propshz**	providence	**provdnz**
proportional	**proprznl**	providential	**provdnzl**
proportionate	**proprznht**	providing	**provdg**
proposal	**propzl**	province	**provnz**
propose	**propz**	provincial	**provnzl**
proposition	**propzn**	provision	**provzn**
propound	**propwnd**	provisional	**provznl**
propounding	**propwndg**	provocation	**provczn**
proprietary	**proprytry**	provocating	**provctg**
proprietor	**proprytr**	provoke	**provk**
propriety	**propryty**	provoking	**provkg**
prosecute	**proscwt**	prowess	**prowz**
prosecuting	**proscwtg**	proximate	**proxmt**
prosecutor	**proscwtr**	proximity	**proxmty**
prosecution	**proscwzn**	pseudo	**swado**
prospect	**prospct**	pseudonym	**swadnm**
prospective	**prospctv**	psychoanalyse	**sycwnlz**
prospectus	**prospctz**	psychoanalysis	**sycwnlss**
prosper	**prospr**	psychiatric	**sycytrc**
prosperous	**prosprwz**	psychiatrist	**scytrst**
prostitute	**prostwt**	psychological	**sycljcl**
prostitution	**prostwzn**	psychology	**sycljy**
prostituting	**prostwtg**	psychologist	**sycljst**
protagonist	**protgnst**	psychosomatic	**sycosmtc**
protect	**protct**	public	**pblc**
protecting	**protctg**	publican	**pblcn**
protection	**protcn**	publication	**pblczn**
protective	**protctv**	publicise	**pblsz**
protector	**protctr**	publicising	**pblszg**
protest	**protst**	publicity	**pblzty**
protesting	**protstg**	publish	**pblsh**
protestation	**protstzn**	publishing	**pblshg**

publisher	**pblshr**	pursuing	**przwng**
pugnacious	**pugnshz**	pursuit	**przwt**
pulpit	**pulpt**	purvey	**prvy**
pulsate	**pulzt**	purveyor	**prvyr**
pulsating	**pulztg**	pusillanimous	**pwzlnmz**
pulverise	**pulvrz**	putative	**pwttv**
pulverisation	**pulvrzn**	putrefy	**pwtrfy**
punctillious	**punctlyz**	putrefied	**pwtrfd**
punctual	**punctwl**	pyjamas	**pyjms**
punctuate	**punctwt**	puzzle	**puzl**
punctuating	**punctwtg**	puzzling	**puzlg**
punctuation	**punctwzn**	pyramid	**pyrmd**
punish	**punsh**		
punishing	**punshg**		
punishment	**punshm**		
pupil	**pwpl**		

Qq

puppet	**pupt**	quadrangle	**qdrngl**
purchase	**prchz**	quadrilateral	**qdrlatrl**
purchaser	**prchzr**	quadruplicate	**qdrwplct**
purchase tax	**prchztx**	quaint	**qnt**
purchasing	**prchzg**	qualification	**qlfczn**
pure	**pwr'**	qualified	**qlfd**
pure	**pur**	qualify	**qlfy**
purgative	**prgtv**	qualifying	**qlfyg**
purgatory	**prgtry**	qualification	**qlfczn**
purge	**prj**	qualitative	**qlttv**
purify	**pwrfy**	quality	**qlty**
purified	**pwrfd**	quandary	**qndry**
purifier	**pwrfyr**	quantify	**qntfy**
purifying	**pwrfyg**	quantifying	**qntfyg**
purification	**pwrfczn**	quantitative	**qnttv**
puritan	**pwrtn**	quantity	**qnty**
puritanical	**pwrtncl**	quarantine	**qrntn**
purloin	**prlwn**	quarrel	**qrl**
purport	**prpt**	quarrelling	**qrlg**
purporting	**prptg**	quarrelsome	**qrlsm**
purpose	**prpz**	quary	**qary**
purposeful	**prpzfl**	quarying	**qaryg**
purse	**prs'**	quart	**qrt**
purser	**prsr**	quarter	**qrtr**
pursual	**przw**	quarterday	**qrtrdy**
pursual	**przwl**	quarterdeck	**qrtrdk**
pursuant	**przwnt**	quarterly	**qrtrly**

quarterlight	**qrtrlyt**	quintet	**qntt**
quartet	**qrtt**	quip	**qp**
quay	**qy**	quipped	**qpd**
quayside	**qysd**	quipping	**qpg**
queasy	**qzy**	quintessence	**qntsnz**
Queen	**Qn**	quintuple	**qntupl**
queenly	**qnly**	quintuplet	**qntuplt**
queer	**qr**	quire	**qr**
quell	**qel**	quirk	**qrk**
quelling	**qelg**	quisling	**qzlg**
quench	**qnch**	quite	**qte**
quenching	**qnchg**	quit	**qt**
querulous	**qrlwz**	quittable	**qtbl**
query	**qry**	quittance	**qtnz**
queried	**qryd**	quitted	**qtd**
querying	**qryg**	quitting	**qtg**
quest	**qst**	quixotic	**qxotc**
question	**qstn**	quiz	**qz**
questionable	**qstnbl**	quizzing	**qzg**
questionnaire	**qstnhr**	quizzical	**qzcl**
queue	**qw**	quoram	**qorm**
queuing	**qwg**	quota	**qwta**
quibble	**qbl**	quotation	**qwtzn**
quibbling	**qblg**	quotation	**qwtn**
quiche	**qsh**	quote	**qwt**
quick	**qk**	quotable	**qwtbl**
quicken	**qkn**	quotient	**qwznt**
quickline	**qklyn**		
quickly	**qkly**		
quicksilver	**qkslvr**	# Rr	
quickwitted	**qkwtd**		
quid	**qd**	rabbit	**rabt**
quiddity	**qdty**	race	**raz**
quidditative	**qdtv**	racial	**razl**
quiescent	**qysnt**	racialism	**razlsm**
quiet	**qyt**	racist	**razst**
quieten	**qytn**	racket	**rakt**
quietness	**qytnz**	racketeer	**raktr**
quietude	**qytwd**	racquet	**raqt**
quietus	**qytz**	radial	**rhdyl**
quilt	**qlt**	radiant	**rhdynt**
quinine	**qnyn**	radiator	**rhdytr**
quintessence	**qntsnz**	radical	**radcl**

radio	**rhdw**	rattling	**ratlg**
radioactive	**rhdwctv**	raucous	**rwcz**
radioactivity	**rhdwctvty**	rave	**rhv**
rage	**rhj**	ravenous	**ravnwz**
raging	**rhjg**	raving	**rhvg**
raid	**rhd**	ravishing	**ravshg**
raided	**rhdd**	reabsorb	**rybsorb**
rail	**rhl**	reabsorbing	**rybsorbg**
railway	**rhlwy**	reaccustom	**rycstm**
rain	**rhn**	reach	**rch**
raincoat	**rnct**	reaching	**rchg**
raining	**rhng**	reacquaint	**ryqnt**
rained	**rhnd**	reacquaintance	**ryqntnz**
raise	**rhz**	reacquire	**ryqr**
raising	**rhzg**	react	**ryct**
rake	**rhk**	reactivate	**ryctvt**
raking	**rhkg**	reactivating	**ryctvtg**
ramification	**ramfczn**	reactivation	**ryctvzn**
ramified	**ramfd**	reacting	**ryctg**
ramifying	**ramfyg**	reaction	**rycn**
range	**rnj**	reactor	**ryctr**
rapid	**rapd**	readapt	**rydpt**
rapidly	**rapdly**	readdress	**rydrz**
rare	**rhr**	readdressing	**rydrzg**
rapture	**raptur**	readjourn	**ryjrn**
rapturous	**raptrwz**	readjournment	**ryjrnm**
rate	**rht**	readjust	**ryjst**
rated	**rhtd**	readjusting	**ryjstg**
rating	**rhtg**	readjustment	**ryjstm**
rateable	**rhtbl**	readmit	**rydmt**
ratepayer	**rhtpyr**	readmitting	**rydmtg**
rather	**rthr**	readmittance	**rydmtnz**
ratification	**ratfczn**	readopt	**rydopt**
ratified	**ratfd**	readopting	**rydoptg**
ratify	**ratfy**	read	**redy**
ratifying	**ratfyg**	readily	**redly**
ration	**razn**	readiness	**redynz**
rational	**raznl**	reaffiliate	**ryflyt**
rationality	**raznlty**	reaffirm	**ryfhm**
rationalise	**raznlz**	reaffirm	**ryfrm**
rationalising	**raznlzg**	reafirming	**ryfhmg**
rationalisation	**raznlzn**	reaffirming	**ryfrmg**
rattle	**ratl**	reaffirmation	**ryfhmzn**

reaffirmation	**ryfrmzn**	reasonable	**rsnbl**
realliance	**rylynz**	reasonably	**rsnbly**
real	**ryl**	reasoning	**rsng**
realisable	**rylzbl**	reassemble	**ryzmbl**
realisation	**rylzn**	reassembling	**ryzmblg**
realise	**rylz**	reassert	**rysrt**
realising	**rylzg**	reasserting	**rysrtg**
realism	**rylsm**	reassertion	**rysrzn**
realist	**rylst**	reassign	**rysgn**
realistically	**rylstcly**	reasigning	**rysgng**
reality	**rylty**	reasignment	**rysgnm**
really	**ryly**	reassume	**ryzum**
reallocate	**ryloct**	reassure	**ryzr**
reallocating	**ryloctg**	reassuring	**ryzrng**
reallocation	**ryloczn**	reassurance	**ryzrnz**
reallot	**rylot**	rearrest	**ryrst**
reallotting	**rylotg**	reattempt	**rytmpt**
reallotment	**rylotm**	reawaken	**rywhkn**
reappear	**rypr**	rebate	**rbht**
reappearance	**ryprnz**	rebel	**rbl**
reappeal	**rypl**	rebellion	**rblyn**
reappealing	**ryplg**	rebellious	**rblyz**
reapplication	**ryplczn**	rebirth	**rbrth**
reapply	**ryply**	rebound	**rbwnd**
reapplying	**ryplyg**	rebounded	**rbwndd**
reappoint	**rypnt**	rebounding	**rbwndg**
reappointing	**rypntg**	rebuild	**rbld**
reappointment	**rypntm**	rebut	**rbut**
reappraise	**rypraz**	rebuttal	**rbutl**
reappraisal	**ryprazl**	rebutting	**rbutg**
rear	**ryr**	recalcitrant	**rclztrnt**
rearise	**ryrz**	recalculate	**rclclht**
rearising	**ryrzg**	recall	**rcl**
rearisen	**ryrzn**	recalling	**rclg**
rearose	**ryroz**	recapture	**rcptur**
rearouse	**ryrwz**	recede	**rzd**
rearousal	**ryrwzl**	receding	**rzdg**
rearrange	**ryrnj**	receipt	**rzt**
rearranging	**ryrnjg**	receipting	**rztg**
rearrangement	**ryrnjm**	receive	**rzv**
rearrest	**ryrst**	receiver	**rzvr**
rearresting	**ryrstg**	receiving	**rzvg**
reason	**rsn**	recent	**rsnt**

receptacle	**rzptcl**	recommencing	**rcmnzg**
reception	**rzpn**	recommend	**rcmnd**
receptionist	**rzpnst**	recommending	**rcmndg**
receptive	**rzptv**	recommendation	**rcmndzn**
recess	**rzs**	recompense	**rcmpnz**
recession	**rzsn**	recompensing	**rcmpnzg**
recessional	**rzsnl**	reconciliation	**rcnzlyzn**
recessive	**rzsv**	reconcile	**rcnzyl**
recharge	**rchrj**	reconciling	**rcnzylg**
recharging	**rchrjg**	recondition	**rcndzn**
rechargeable	**rchrjbl**	reconfirm	**rcnfhm**
recheck	**rchk**	reconfirming	**rcnfhmg**
rechecking	**rchkg**	reconnaissance	**rcnhsnz**
recipe	**rzp**	reconnoitre	**rcnwtr**
recipient	**rzpynt**	reconsolidate	**rcnzoldt**
reciprocal	**rzprocl**	reconstitute	**rcnstwt**
reciprocate	**rzproct**	reconstitution	**rcnstwzn**
reciprocating	**rzproctg**	reconvene	**rcnvn**
reciprocation	**rzproczn**	reconvening	**rcnvng**
reciprocity	**rzprozty**	reconvert	**rcnvrt**
recirculate	**rsrclht**	reconverting	**rcvrtg**
recirculating	**rsrclhtg**	recopy	**rcpy**
recital	**rzytl**	record	**rcrd**
recitation	**rztzn**	recorded	**rcrdd**
recitative	**rzttv**	recorder	**rcrdr**
recite	**rzyt**	recording	**rcrdg**
reck	**rek**	recount	**rcwnt**
reckless	**rekls**	recounting	**rcwntg**
reckon	**rekn**	recounter	**rcwntr**
reckoning	**rekng**	recoup	**rcwp**
reclaim	**rclm**	recouping	**rcwpg**
reclamation	**rclmzn**	recoupment	**rcwpm**
reclaiming	**rclmg**	recourse	**rcorz**
recognition	**rcgnzn**	re-cover	**rcvr'**
recognisance	**rcgnznz**	recover	**rcvr**
recognise	**rcgnz**	recoverable	**rcvrbl**
recognising	**rcgnzg**	recovery	**rcvry**
recollect	**rclct**	recovering	**rcvrng**
recollecting	**rclctg**	recreate	**rcryt**
recollection	**rclcn**	recreating	**rcrytg**
recombine	**rcmbn**	recreation	**rcryzn**
recommence	**rcmnz**	recriminate	**rcrmnht**
recommencement	**rcmnzm**	recrimination	**rcrmnhzn**

recross	rcroz	redound	rdwnd
recrudesce	rcrwdz	redraft	rdrft
recrudescence	rcrwdsnz	redress	rdrz
recruit	rcrwt	redressing	rdrzg
recruitment	rcrwtm	redressible	rdrzbl
rectangle	rctngl	redrafting	rdrftg
rectification	rctfczn	reduce	rdwz
rectify	rctfy	reducing	rdwzg
rectified	rctfd	reducement	rdwzmnt
rectilinear	rctlnyr	reduction	rducn
rectitude	rctwd	redundant	rdundnt
rectory	rctry	redundancy	rdundncy
recumbent	rcmbnt	re-edit	redt
recuperate	rcwprht	re-educate	redwct
recuperating	rcwprhtg	re-elect	relct
recuperation	rcwprhzn	re-election	relcn
recur	rcr	re-embark	rmbrk
recurring	rcrng	re-embarking	rmbrkg
recurrent	rcrnt	re-embarkation	rmbrkzn
recycle	rsycl	re-emerge	remrj
recycling	rsyclg	re-emergence	remrjnz
redecorate	rdcrht	re-employ	rmploy
redecorating	rdcrhtg	re-employing	rmployg
redecoration	rdcrhzn	re-employment	rmploym
redeem	rdm	re-enable	rnabl
redeeming	rdmg	re-enabling	rnablg
redefine	rdfyn	re-enablement	rnablm
redefining	rdfyng	re-enact	rnact
redeliver	rdlvr	re-enacting	rnactg
redelivery	rdlvry	re-enactment	rnactm
redemption	rdmpzn	re-engage	rngj
redetermine	rdtrmn	re-engaging	rngjg
redevelop	rdvlp	re-engagement	rngjm
redevelopment	rdvlpm	re-enlist	rnlst
rediffusion	rdfwzn	re-enlisting	rnlstg
redirect	rdrct	re-enlistment	rnlstm
redirection	rdrcn	re-enter	rntr
redirecting	rdrctg	re-entering	rntrng
rediscover	rdscvr	re-entrance	rntrnz
rediscovery	rdscvry	re-entry	rntry
redistribute	rdstrbwt	re-establish	rstblsh
redistribution	rdstrbwzn	re-establishin	rstblshg
redolent	rdolnt	re-establishmen	rstblshm

re-evaluate	revlwt	refloatation	rflotzn
re-evaluating	revlwtg	refocus	rfocz
re-evaluation	revlwzn	reformulate	rfmlht
re-examination	rxmnhzn	reformulation	rfmlhtg
re-examine	rxmn	reformulation	rfmlhzn
re-exchange	rxchnj	reform	rfm
re-exist	rxsst	reformation	rfmzn
re-existing	rxsstg	reformatory	rfmtry
re-experience	rxprynz	refrain	rfrhn
re-export	rxpt	refraining	rfrhng
re-exporting	rxptg	reframe	rfrhm
re-exportation	rxptzn	refrangible	rfranjbl
re-explain	rxpln	refresh	rfrsh
refashion	rfshn	refreshing	rfrshg
refasten	rfzn	refreshment	rfrshm
refastening	rfzng	refrigerate	rfrjrht
refer	rfr	refrigerator	rfrjrhtr
referring	rfrng	refrigeration	rfrjrhzn
referable	rfrbl	refuel	rfwl
referal	rfrl	refuge	rfwj
referee	rfry	refugee	rfwjy
reference	rfrnz	refund	rfund
referential	rfrnzl	refunding	rfundg
referendum	rfrndm	refurbish	rfrbsh
refill	rfl	refurbishment	rfrbshm
refilling	rflg	refurnish	rfrnsh
refillable	rflbl	refusal	rfwzl
refine	rfyn	refuse	rfwz
refining	rfyng	refusing	rfwzg
refinement	rfynm	refute	rfwt
refinery	rfynry	refutation	rfwtzn
refinery	rfnry	regain	rghn
refit	rft	regaining	rghng
refitting	rftg	regal	rgl
reflation	rflhzn	regality	rglty
reflationary	rflhznry	regale	rghl
reflect	rflct	regaling	rghlg
reflection	rflcn	regard	rgd
reflective	rflctv	regarding	rgdg
reflector	rflctr	regardless	rgdls
reflex	rflx	regatta	rgata
reflexive	rflxv	regency	rjnzy
refloat	rflot	regenerate	rjnrht

regeneration	**rjnrhzn**	reincorporation	**rncrprhzn**
regenerative	**rjnrhtv**	reinfect	**rnfct**
regime	**rjm**	reinfecting	**rnfctg**
regiment	**rjmnt**	reinfection	**rnfcn**
regimental	**rjmntl**	reinforce	**rnfz**
region	**rjn**	reinforcement	**rnfzm**
regional	**rjnl**	reinform	**rnfm**
register	**rjstr**	reinforming	**rnfmg**
registrar	**rjstrhr**	reinsert	**rnsrt**
registration	**rjstrhzn**	reinserting	**rnsrtg**
registery	**rjstry**	reinsertion	**rnsrzn**
regress	**rgrz**	reinspect	**rnspct**
regressing	**rgrzg**	reinspection	**rnspcn**
regression	**rgrzn**	reinstall	**rnstal**
regret	**rgrt**	reinstallation	**rnstalhzn**
regretting	**rgrtg**	reinstate	**rnstat**
regrettable	**rgrtbl**	reinstating	**rnstatg**
regretful	**rgrtfl**	reinstatement	**rnstatm**
regretfully	**rgrtfuly**	reinsure	**rnzr**
regroup	**rgrwp**	reinsurance	**rnzrnz**
regular	**rglr**	reinterpret	**rntrprt**
regularly	**rglrly**	reinterpretation	**rntrprtzn**
regularity	**rglrty**	reinterrogate	**rntrogt**
regulate	**rglht**	reintroduce	**rntrdwz**
regulation	**rglhzn**	reinvestigate	**rnvstgt**
regulator	**rglhtr**	reinvestigating	**rnvstgtg**
rehabilitate	**rhbltt**	reinvestigation	**rnvstgzn**
rehabilitation	**rhbltzn**	reinvestment	**rnvstm**
rehearse	**rhrz**	reinvesting	**rnvstg**
rehearsal	**rhrzl**	reinvigorating	**rnvgrhtg**
rehearsing	**rhrzg**	reissue	**ryzu**
reheat	**rht'**	reissuing	**ryzwng**
rehire	**rhyr**	reiterate	**rytrht**
rehouse	**rhwz**	reiterating	**rytrhtg**
rehousing	**rhwzg**	reiteration	**rytrhzn**
reign	**rn**	reiterative	**rytrhtv**
reigning	**rn'g**	reject	**rjct**
reimburse	**rmbrz**	rejecting	**rjctg**
reimbursing	**rmbrzg**	rejection	**rjcn**
reimbursement	**rmbrzm**	rejoice	**rjwz**
reincarnation	**rncrnhzn**	rejoicing	**rjwzg**
reincorporate	**rncrprht**	rejoin	**rjwn**
reincorporating	**rncrprhtg**	rejoining	**rjwng**

Word	Code	Word	Code
rejoinder	rjwndr	relinquishing	rlnqshg
rejuvenate	rjwvnht	relinquishment	rlnqshm
rejuvenating	rjwvnhtg	relish	rlsh
rejuvenation	rjwvnhzn	relishing	rlshg
rekindle	rkndl	relive	rliv
relapse	rlapz	reliving	rlivg
relapsing	rlapzg	relocate	rloct
relate	rlht	relocating	rloctg
relating	rlhtg	relocation	rloczn
relation	rlhzn	reluctant	rluctnt
relativity	rlhtvty	reluctance	rluctnz
relative	rlhtv	rely	rly
re-learn	rlrn	relying	rlyg
relax	rlax	remain	rmhn
relaxing	rlaxg	remaining	rmhng
relaxation	rlaxzn	remainder	rmhndr
relay	rlhy	remand	rmand
relaying	rlhyg	remanding	rmandg
release	rlz	remark	rmrk
releasing	rlzg	remarkable	rmrkbl
relegate	rlgt	remarriage	rmhrj
relegating	rlgtg	remarried	rmhryd
relegation	rlgzn	remarrying	rmhryg
relent	rlnt	remeasure	rmzr
relentless	rlntls	remedial	rmdyl
relentlessly	rlntlsly	remedy	rmdy
relevant	rlvnt	remedying	rmdyg
relevance	rlvnz	remember	rmmbr
relet	rlt	remembering	rmbrng
reliability	rlyblty	remembrance	rmmbrnz
reliance	rlynz	remerge	rmrj
reliant	rlynt	remind	rmnd
reliable	rlybl	reminder	rmndr
relied	rlyd	reminding	rmndg
relief	rlf	reminisce	rmnz
relicence	rlznz	reminiscent	rmnznt
relicencing	rlznzg	reminiscence	rmnznz
relieve	rlv	reminiscing	rmnzg
relieving	rlvg	remiss	rmz
religion	rljn	remission	rmzn
religious	rljyz	remit	rmt
reletting	rltg	remitting	rmtg
relinquish	rlnqsh	remittance	rmtnz

remittent	**rmtnt**	reoccupy	**rocpy**
remnant	**rmnant**	reoccupation	**rocpzn**
remodel	**rmodl**	reoccupying	**rocpyg**
remonstrate	**rmnstrht**	reoccur	**rocr**
remonstrating	rmnstr**htg**	reoccurring	**rocrng**
remonstation	**rmnstrhzn**	reoccurrence	**rocrnz**
remorse	**rmorz**	reopen	**ropn**
remote	**rmot**	reopening	**ropng**
remould	**rmwld**	reoperate	**roprht**
remount	**rmwnt**	reoperation	**roprhzn**
remove	**rmv**	reoperating	**roprhtg**
removal	**rmvl**	reorder	**rordr**
removable	**rmvbl**	reordering	**rordrng**
removing	**rmvg**	reorganise	**rorgnz**
remunerate	**rmwnrht**	reorganising	**rorgnzg**
remuneration	rmwnrhzn	reorganisation	**rorgnzn**
remunerating	**rmwnrhtg**	repaid	**rpd**
renaissance	**rnhznz**	repaint	**rpnt**
rename	**rnm**	repair	**rpr**
render	**rndr**	reparable	**rprhbl**
rendering	**rndrng**	reparation	**rprhzn**
rendezvous	**rndvw**	repartee	**rprty**
rendition	**rndzn**	repast	**rpast**
renegade	**rnghd**	repatriate	**rpatryt**
renew	**rnw**	repatriating	**rpatrytg**
renewable	**rnwbl**	repatriation	**rpatryzn**
renewal	**rnwl**	repay	**rpy**
renewing	**rnwng**	repaying	**rpyg**
renegotiate	**rngozt**	repayment	**rpym**
renegotiation	**rngozn**	repeal	**rpyl**
renotify	**rnotfy**	repealing	**rpylg**
renounce	**rnwnz**	repeat	**rpt**
renouncing	**rnwnzg**	repeatedly	**rptdly**
renouncement	**rnwnzm**	repeating	**rptg**
renovate	**rnovt**	repel	**rpl**
renovating	**rnovtg**	repelling	**rplg**
renovation	**rnovzn**	repellant	**rplnt**
renown	**rnwn**	repent	**rpnt**
rent	**rnt**	repenting	**rpntg**
rental	**rntl**	repentance	**rpntnz**
renting	**rntg**	repentant	**rpntnt**
renumber	**rnmbr**	repercussion	**rprcuzn**
renunciation	**rnunzyzn**	repertoire	**rprtwr**

repertory	**rprtry**	reproach	**rprwch**
repetition	**rptzn**	reproaching	**rprwchg**
replace	**rplaz**	reprocess	**rprozs**
replacing	**rplazg**	reproduce	**rprodz**
replacement	**rplazm**	reproducing	**rprodzg**
replenish	**rplnsh**	reproduction	**rprodcn**
replenishing	**rplnshg**	reproof	**rprwf**
replenishment	**rplnshm**	reproval	**rprvl**
replete	**rplt**	reprove	**rprv**
repleting	**rpltg**	reproving	**rprvg**
repletion	**rplzn**	republic	**rpblc**
reply	**rply**	republican	**rpblcn**
replying	**rplyg**	republication	**rpblczn**
report	**rport**	republish	**rpblsh**
reporting	**rportg**	republishing	**rpblshg**
reporter	**rportr**	repudiate	**rpwdyt**
repose	**rpz**	repudiation	**rpwdyzn**
reposing	**rpzg**	repudiating	**rpwdytg**
repository	**rpztry**	repulsion	**rpulzn**
repossess	**rpzs**	repulsive	**rpulzv**
repossession	**rpzsn**	repurchase	**rprchz**
repossessing	**rpzsg**	repurchasing	**rprchzg**
reprehend	**rprhnd**	reputable	**rpwtbl**
reprehending	**rprhndg**	repute	**rpwt**
reprehensible	**rprhnsbl**	request	**rqst**
reprehension	**rprhnzn**	requesting	**rqstg**
reprehensive	**rprhnzv**	require	**rqr**
represent	**rprsnt**	requiring	**rqrng**
representing	**rprsntg**	requirement	**rqrm**
representation	**rprsntzn**	requisite	**rqzt**
representative	**rprsntv**	requisition	**rqszn**
representing	**rprsntg**	requisitioning	**rqszng**
repress	**rprs**	requitting	**rqtg**
repression	**rprsn**	rescind	**rznd**
repressive	**rprsv**	rescinding	**rzndg**
repressing	**rprsg**	rescision	**rszn**
reprieve	**rprv**	rescue	**rscw**
reprievable	**rprvl**	rescuing	**rcwng**
reprieving	**rprvg**	rescuer	**rscwr**
reprimand	**rprmand**	research	**rsrch**
reprimanded	**rprmandd**	researcher	**rsrchr**
reprimanding	**rprmandg**	researching	**rsrchg**
reprisal	**rprzl**	resemblance	**rzmblnz**

resemble	**rzmbl**	resolvability	**rsolvblty**
resembling	**rzmblg**	resolving	**rsolvg**
resent	**rznt**	resort	**rsort**
resented	**rzntd**	resorting	**rsortg**
resenting	**rzntg**	resound	**rzwnd**
resentful	**rzntfl**	resource	**rsorz**
resentment	**rzntm**	resourceful	**rsorzfl**
reservation	**rsrvzn**	respect	**rspct**
reserve	**rsrv**	respectability	**rspctblty**
reserving	**rsrvg**	respectable	**rspctbl**
reservoir	**rsrvwr**	respectful	**rspctfl**
reset	**rzt'**	respectfully	**rspctfuly**
resetter	**rztr**	respecting	**rspctg**
resetting	**rztg**	respective	**rspctv**
resettle	**rztl**	respectively	**rspctvly**
resettlement	**rztlm**	respiration	**rsprhzn**
resettling	**rztlg**	respirator	**rsprhtr**
reshuffle	**rshufl**	respire	**rspyr**
reshuffling	**rshuflg**	respite	**rspyt**
reside	**rsd**	resplendent	**rsplndnt**
resided	**rsdd**	respond	**rspond**
residence	**rsdnz**	respondent	**rspondnt**
residency	**rsdnzy**	responding	**rspondg**
residential	**rsdnzl**	response	**rsponz**
residing	**rsdg**	responsibility	**rsponzblty**
residual	**rsdwl**	responsible	**rsponzbl**
residuary	**rsdwry**	responsive	**rsponzv**
residue	**rsdw**	rest	**rst**
resign	**rsgn**	restart	**rstrt**
resignation	**rsgnhzn**	restarting	**rstrtg**
resigning	**rsgng**	restaurant	**rstrnt**
resile	**rzyl**	restaurateur	**rstrhtr**
resilient	**rzlynt**	resting	**rstg**
resiliate	**rzlyt**	restitute	**rstwt**
recipiscence	**rzpsnz**	restitution	**rstwzn**
resist	**rsst**	restive	**rstv**
resistance	**rsstnz**	restless	**rstls**
resistant	**rsstnt**	restlessness	**rstlsnz**
resisting	**rsstg**	restore	**rstor**
resolute	**rzlwt**	restoration	**rstrhzn**
resoluteness	**rzlwtnz**	restorative	**rstorhtv**
resolution	**rzlwzn**	restrain	**rstrhn**
resolve	**rsolv**	restraint	**rstrhnt**

restrict	**rstrct**	retransfer	**rtrnsfr**
restricting	**rstrctg**	retransferring	**rtrnsfrng**
restriction	**rstrcn**	retransform	**rtrnsfm**
restrictive	**rstrctv**	retransforming	**rtrnsfmg**
result	**rsult**	retread	**rtred**
resultant	**rsultnt**	retreat	**rtrt**
resulting	**rsultg**	retreating	**rtrtg**
resume	**rzum**	retrench	**rtrnch**
resumption	**rzumpn**	retrenchment	**rtrnchm**
resurface	**rsrfs**	retrenching	**rtrnchg**
resurfacing	**rsrfsg**	retrial	**rtryl**
resurgent	**rsrjnt**	retribution	**rtrbwzn**
resurrect	**rzrct**	retrieval	**rtrvl**
resurrecting	**rzrctg**	retrieve	**rtrv**
resurrection	**rzrcn**	retrievement	**rtrvm**
resuscitate	**rsuztt**	retrospect	**rtrospct**
resuscitating	**rsuzttg**	restrospection	**rtrospcn**
resuscitation	**rsuztzn**	retrospective	**rtrospctv**
retail	**rtl**	retrieving	**rtrvg**
retailer	**rtlr**	return	**rtrn**
retailing	**rtlg**	returnable	**rtrnbl**
retain	**rtn**	returning	**rtrng**
retainer	**rtnr**	reunify	**runfy**
retaining	**rtng**	reunification	**runfczn**
retake	**rtk**	reunion	**runyn**
retaking	**rtkg**	revalidate	**rvldt**
retaliate	**rtlyt**	revalidation	**rvldzn**
retaliating	**rtlytg**	revalidating	**rvldtg**
retaliation	**rtlyzn**	revalue	**rvlw**
retarding	**rtardg**	revaluation	**rvlwzn**
retardation	**rtardzn**	revaluing	**rvlwng**
retention	**rtnzn**	reveal	**rvyl**
retest	**rtst**	revealing	**rvylg**
retesting	**rtstg**	revel	**rvl**
reticence	**rtznz**	revelation	**rvlhzn**
reticent	**rtznt**	reveller	**rvlr**
reticulate	**rtclht**	revelling	**rvlg**
reticulation	**rtclhzn**	revenge	**rvnj**
retinue	**rtnw**	revengeful	**rvnjfl**
retire	**rtyr**	revenue	**rvnw**
retiring	**rtyrng**	reverberate	**rvrbrht**
retirement	**rtyrmnt**	reverberating	**rvrbrhtg**
retouch	**rtwch**	reverberation	**rvrbrhzn**

revere	**rvyr**	revolting	**rvoltg**
reverence	**rvrnz**	revolution	**rvluzn**
reverend	**rvrnd**	revolutionary	**rvluznry**
reverent	**rvrnt**	revolutionise	**rvluznz**
reverential	**rvrnzl**	revolutionising	**rvluznzg**
reverie	**rvry**	revolve	**rvolv**
revering	**rvrng**	revolver	**rvolvr**
reverse	**rvrz**	revue	**rvw**
reversal	**rvrzl**	reviewed	**rvwd**
reversible	**rvrzbl**	reviewing	**rvwng**
reversibility	**rvrzbvlty**	revulsion	**rvulzn**
reversing	**rvrzg**	rewaken	**rwhkn**
reversion	**rvrzn**	reward	**rwrd**
reversional	**rvrznl**	rewarding	**rwrdg**
revert	**rvrt**	rewrite	**rwrt**
revertible	**rvrtbl**	rewriting	**rwrtg**
reverting	**rvrtg**	rewritten	**rwrtn**
revest	**rvst**	rhapsody	**rapsdy**
revestment	**rvstm**	rhapture	**raptur**
review	**rvw**	rheumatic	**rwmtc**
reviewing	**rvwng**	rheumatism	**rwmtsm**
reviewer	**rvwr**	rhyme	**rym**
revile	**rvyl'**	rhyming	**rymg**
reviling	**rvylg'**	rhythm	**rthm**
revise	**rvz**	ribbon	**ribn**
revision	**rvzn**	riddance	**ridnz**
revisional	**rvznl**	riddle	**ridl**
revising	**rvzg**	ridding	**ridg**
revisit	**rvzt**	ride	**ryd**
revisiting	**rvztg**	ridin	**rydg**
revitalise	**rvtlz**	ridicule	**rdcwl**
revitalising	**rvtlzg**	ridiculous	**rdcwlz**
revitalisation	**rvtlzn**	rifle	**ryfl**
revive	**rvv**	right	**ryt**
reviving	**rvvg**	righteous	**rytyz**
revival	**rvvl**	righteousness	**rytyznz**
revivalist	**rvvlst**	rightful	**rytfl**
revivify	**rvvfy**	rightfully	**rytfuly**
revivification	**rvvfczn**	righthand	**rythnd**
revocable	**rvocbl**	right of way	**rytvwy**
revoke	**rvok**	rigid	**rjd**
revoking	**rvokg**	rigidity	**rjdty**
revolt	**rvolt**	rigmarole	**rgmrol**

rigorous	**rgrwz**	rotten	**rotn**
ring	**rng**	rotting	**rotg**
ringing	**rngng**	rotovator	**rotvtr**
ringleader	**rngldr**	rouble	**rwbl**
ringside	**rngsd**	rouge	**rwj**
rinse	**rnz**	rough	**ruf**
rinsing	**rnzg**	roulette	**rwlt**
riot	**ryt'**	Roumanian	**Rwmnyn**
rioter	**rytr**	round	**rwnd**
riotous	**rytz**	roundabout	**rwndbwt**
rise	**rz**	rounding	**rwndg**
risen	**rzn**	rouse	**rwz**
riser	**rzr**	rousing	**rwzg**
rising	**rzg**	route	**rwt**
risk	**rsk**	routine	**rwtn**
risking	**rskg**	routing	**rwtg**
ritual	**rtwl**	royal	**royl**
rival	**ryvl**	royalty	**roylty**
river	**rvr**	rubbed	**rubd**
riverside	**rvrsd**	rubber	**rubr**
road	**rd**	rubbing	**rubg**
robbed	**robd**	rucksack	**ruksc**
robbery	**robry**	rude	**rwd**
robe	**rwb**	rudely	**rwdly**
robing	**rwbg**	rudeness	**rwdnz**
rocket	**rokt**	ruffian	**rufyn**
rogue	**rog**	ruin	**rwn**
roll	**rol**	ruination	**rwnhzn**
roller	**rolr**	ruining	**rwng**
rolled	**rold**	ruinous	**rwnwz**
rolling	**rolg**	rule	**rwl**
romance	**romnz**	ruler	**rwlr**
romantic	**romntc**	ruling	**rwlg**
romanticising	**romntszg**	rumbustious	**rumbstyz**
roof	**rwf**	ruminate	**rwmnht**
roofing	**rwfg**	ruminating	**rwmnhtg**
room	**rm**	rumination	**rwmnhzn**
root	**rwt**	rummage	**rumj**
rose	**roz**	rummaging	**rumjg**
rotate	**rott**	rumour	**rwmr**
rotating	**rottg**	runabout	**runabwt**
rotation	**rotzn**	runner	**runr**
rotted	**rotd**	running	**run'g**

rundown	rundwn	salary	slry
runway	runwy	sale	zl
rushing	rushg	saleability	zlblty
Russian	Rushn	saleable	zlybl
ruthless	rwthls	salesman	zlsmn
		salesmen	zlsmn'
		salesmanship	zlsmnshp
		salesperson	zlsprsn
		saleroom	zlrm

Ss

Sabbath	Sbth	salesclerk	zlsclrk
Sabbatical	Sbtcl	salesgirl	zlsgrl
sabotage	sbotj	saleswoman	zlswmn
saboteur	sbotr	saleswomen	zlswmn'
sack	sc	salient	zlynt
sack	sak	saloon	zlwn
sacking	scg	salting	saltg
sacking	sakg	salubrious	zlwbryz
sacred	sacrd	salutary	zlwtry
sacrifice	sacrfz	salutation	zlwtzn
sacrifical	sacrfzl	salute	zlwt
sacrilege	sacrlj	salvage	slvj
sacriligeous	sacrljz	salvaging	slvjg
sadden	sadn	salvation	slvzn
saddle	sadl	same	zam
saddling	sadlg	sample	smpl
safe	sf	sampling	smplg
safeguard	sfgrd	sanatorium	znhtrym
safeguarding	sfgrdg	sanctimonious	znctmnyz
safekeeping	sfkpg	sanction	zncn
safely	sfly	sanctioning	zncng
safety	sfty	sanctity	znctty
safeguard	sfgrd	sanctuary	znctwry
safeguarding	sfgrdg	sandal	zndl
sagacious	sgshz	sandwich	zndwch
sagacity	sgzty	sanguine	zngwn
said	zd	sanguineous	zngwnyz
sail	zl'	sanitary	zntry
sailed	zld	sanitation	zntzn
sailing	zlg	sanity	znty
sailor	zlr	sapphire	zfyr
sake	zak	sarcasm	srczm
salad	zld'	sarcastic	srcstc
salaried	slryd	satiate	sazyt

satiating	sazytg	scarcity	scrzty
satiation	sazyzn	scare	scr
satire	satyr	scared	scrd
satisfaction	stsfcn	scaremonger	scrmongr
satisfactorily	stsfctrly	scarred	scard
satisfactory	stsfctry	scathing	scathg
satisfied	stsfd	scatter	scatr
satisfy	stsfy	scattering	scatrng
satisfying	stsfyg	scenario	znaro
saturate	satrht	scene	zyn
saturating	satrhtg	scenery	zynry
saturation	satrhzn	scenic	zync
sauce	zwz	scent	znt
saucepan	zwzpn	sceptic	scptc
saucer	zwzr	sceptical	scptcl
saunter	zwntr	scepticism	scptzsm
sauntering	zwntrng	schedule	shdl
sausage	zwzj	scheduled	shdld
savage	svj	scheduling	shdlg
save	sv	scheme	scm
saving	svg	schemer	scmr
saver	svr	scholar	scolr
saviour	savyr	scholarship	scolrshp
savour	svwr	scholastic	scolstc
savoury	svry	school	scl
saw	zw	schoolboy	sclboy
sawn	zwn	schoolfellow	sclfelw
sawing	zwg	schoolgirl	sclgrl
sawmill	zwml	schoolhouse	sclhwz
saxophone	saxfn	schooling	sclg
say	sy	schoolmaster	sclmastr
say	zy	schoolmistress	sclmstrz
saying	syg	schoolroom	sclrm
saying	zyg	schoolteacher	scltchr
scale	scal	schooner	scwnr
scaling	scalg	sciatica	sytca
scandal	scndl	science	synz
scandalise	scndlz	scientific	syntfc
scandalising	scndlzg	scientifically	syntfcly
scandalous	scndlwz	scientist	syntst
scarce	scrz	scintillate	zntlht
scarcely	scrzly	scintillating	zntlhtg
scarceness	scrznz	scintillation	zntlhzn

scissors	**zzrs**	seashore	**zshor**
scoop	**scwp**	seaside	**zsd**
scooping	**scwpg**	season	**szn**
scooter	**scwtr**	seasonable	**sznbl**
scope	**scop**	seasoned	**sznd**
score	**scor**	seasoning	**szng**
Scottish	**Scotsh**	seat	**st**
scoundril	**scwndrl**	seated	**std**
scout	**scwt**	seating	**stg**
scouting	**scwtg**	seaward	**zwrd**
scream	**scrm**	seaworthy	**zwrthy**
screaming	**scrmg**	secateurs	**sctwrs**
screen	**scrn**	secede	**zsd**
screening	**scrng**	seceder	**zsdr**
screw	**scrw**	seceding	**zsdg**
screwdriver	**scrwdrvr**	secession	**zzsn**
scrounge	**scrwnj**	seclude	**sclwd**
scrounging	**scrwnjg**	secluding	**sclwdg**
scrubbing	**scrubg**	seclusion	**sclwzn**
scruple	**scrwpl**	second	**scnd**
scrupulous	**scrwplz**	secondary	**scndry**
scrupulousness	**scrwplznz**	second class	**scndclz**
scrutinise	**scrwtnz**	seconded	**scndd**
scrutiny	**scrwtny**	seconder	**scndr**
scrutinisation	**scrwtnzn**	secondhand	**scndhnd**
scrutinising	**scrwtnzg**	second rate	**scndrht**
scurrilous	**scurlwz**	secrecy	**scrzy**
scuttle	**scutl**	secret	**scrt**
sea	**z'**	secretarial	**scrtryl**
seaboard	**zbrd**	secretariat	**scrtryt**
seaborne	**zborn**	secretary	**scrtry**
seacoast	**zcwst**	secrete	**scryt**
seafaring	**zfhrng**	secretion	**scrzn**
seafront	**zfrnt**	secretive	**scrtv**
seal	**zyl**	sectarian	**sctryn**
sealing	**zylg**	section	**scn**
sealevel	**zlvl**	sectional	**scnl**
seaman	**zmn**	sectionalise	**scnlz**
seamanship	**zmnshp**	sectionalising	**scnlzg**
seamen	**zmn'**	sector	**sctr**
seaport	**zpt**	secular	**scwlr**
search	**srch**	secure	**scwr**
searching	**srchg**	secured	**scwrd**

securely	**scwrly**	self-adjusting	**slfajstg**
security	**scwrty**	self-centred	**slfsntrd**
securing	**scwrng**	self-confident	**slfcnfdnt**
sedate	**sdht**	self-conscious	**slfcnshz**
sedentary	**sdntry**	self-contained	**slfcntnd**
sedative	**sdtv**	self-control	**slfcntrl**
sedition	**sdzn**	self-denial	**slfdnyl**
seditious	**sdshz**	self-determination	**slfdtrmnhzn**
seduce	**sdwz**	self-esteem	**slfestm**
seducing	**sdwzg**	self-evident	**slfevdnt**
seduction	**sducn**	self-explanatory	**slfxplnhtry**
seducement	**sdwzm**	self-fertilising	**slffrtlzg**
seductive	**sductv**	self-governing	**slfgvrng**
see	**z**	self-imposed	**slfmpzd**
seeing	**zg**	self-inflicted	**slfnflctd**
seek	**zk**	self-interest	**slfntrst**
seeking	**zkg**	self-made	**slfmd**
seem	**zm**	self-opinionated	**slfopnynhtd**
seeming	**zmg**	self-possessed	**slfpzsd**
seemingly	**zmgly**	self-realisation	**slfrylzn**
seen	**zn**	self-reliant	**slfrlynt**
seesaw	**zzw**	self-respect	**slfrspct**
segment	**sgmnt**	self-righteous	**slfrytyz**
segmented	**sgmntd**	self-same	**slfzam**
segmentation	**sgmntzn**	self-satisfied	**slfstsfd**
segregate	**sgrgt**	self-service	**slfsrvz**
segregating	**sgrgtg**	self-starter	**srlfstrtr**
segregation	**sgrgzn**	self-sufficient	**slfsfznt**
segregationist	**sgrgznst**	self-taught	**slftawt**
segregative	**sgrgtv**	self-willed	**slfwld**
seismic	**zyzmc**	selfish	**slfsh**
seismograph	**zyzmogrf**	selfishness	**slfshnz**
seismology	**zyzmljy**	selfless	**slfls**
seize	**zyz**	selflessness	**slflsnz**
seizing	**zyzg**	sell	**sl**
seizure	**zyzr**	seller	**slr**
seldom	**sldm**	selling	**slg**
select	**slct**	selves	**slvs**
selecting	**slctg**	semblance	**zmblnz**
selection	**slcn**	semi-detached	**zmydtchd**
selective	**slctv**	semicircular	**zmysrclr**
self	**slf**	seminar	**zmnr**
self-addressed	**slfadrzd**	seminary	**zmnry**

senate	**znht**	serial	**sryl**
senator	**znhtr**	series	**srys**
send	**snd**	serious	**sryz**
sender	**sndr**	seriously	**sryzly**
sending	**sndg**	seriousness	**sryznz**
senior	**znr**	serjeant	**srjnt**
seniority	**znrty**	sermon	**srmn**
sensation	**snzsn**	sermonise	**srmnz**
sensational	**snzsnl**	sermonising	**srmnzg**
sense	**znz**	servant	**srvnt**
senseless	**znzls**	serve	**srv**
senselessness	**znzlsnz**	server	**srvr**
sensibility	**znzblty**	service	**srvz**
sensible	**znzbl**	serviceable	**srvzbl**
sensibly	**znzbly**	serviceman	**srvzmn**
sensitise	**znztz**	servicewoman	**srvzwmn**
sensitizing	**znztzg**	servicemen	**srvzmn'**
sensitive	**znztv**	servicewomen	**srvzwmn'**
sensitively	**znztvly**	servicing	**srvzg**
sensitivity	**znztvty**	serviette	**srvyt**
sensitiveness	**znztvnz**	servile	**srvyl**
sensual	**znzwl**	serving	**srvg**
sent	**snt**	session	**zsn**
sentence	**sntnz**	sessional	**zsnl**
sentencing	**sntnzg**	set	**zt**
sentiment	**sntmnt**	setback	**ztbk**
sentimental	**sntmntl**	setting	**ztg**
sentimentality	**sntmntlty**	settle	**ztl**
sentinel	**sntnl**	settlement	**ztlm**
separate	**sprht**	settler	**ztlr**
separated	**sprhtd**	settling	**ztlg**
separating	**sprhtg**	seven	**svn**
separation	**sprhzn**	seventeen	**svntn**
separator	**sprhtr**	seventh	**svnth**
separatist	**sprhtst**	seventy	**svnty**
septic	**zptc**	sever	**zvr**
sequel	**sql**	several	**svrl**
sequence	**sqnz**	severally	**svrly**
sequester	**sqstr**	severance	**svrnz**
sequestrate	**sqstrht**	severe	**zvyr**
sequestration	**sqstrhzn**	severed	**zvrd**
serenade	**srnhd**	severely	**zvrly**
serenading	**srnhdg**	severing	**zvrng**

severity	zvrty	shepherd	shprd
sewage	zwj	sheriff	shrf
sewer	zwr	shield	shld
sewerage	zwrhj	shielding	shldg
sex	zx	shift	shft
sexagenarian	zxjnryn	shifted	shftd
sexist	zxst	shifting	shftg
sexual	zxwl	shiftless	shftls
sexuality	zxwlty	shilling	shlg
sexual	zxwl	ship	shp
shackle	shakl	shipbuilder	shpbldr
shadow	shadw	shipbuilding	shpbldg
shake	shk	shipment	shpm
shakedown	shkdwn	shipowner	shpownr
shaking	shkg	shipper	shpr
shall	shl	shipping	shpg
shallow	shalw	shipyard	shpyrd
shameful	shmfl	shirker	shrkr
shamefully	shmfuly	shirt	shrt
shameless	shmls	shiver	shivr
shampoo	shmpw	shivering	shivrng
shampooing	shmpwng	shock	shok
share	shr	shocking	shokg
shareholder	shrhldr	shoe	zhw
sharing	shrng	shoemaker	zhwmkr
sharp	shrp	shoot	zhwt
sharpener	shrpnr	shoot	shwt'
sharpening	shrpng	shopped	shopd
sharpest	shrpst	shopper	shopr
shatter	shatr	shopkeeper	shopkpr
shattering	shatrng	shopkeeping	shopkpg
shave	shv	shopping	shopg
shaver	shvr	shopsteward	shopstwrd
shaving	shvg	shortage	shortj
sheep	shp'	shortcoming	shortcmg
sheet	sht	shortlisted	shortlstd
sheeting	shtg	shorten	shortn
shelf	shlf	shortening	shortng
shellfish	shlfsh	shorthand	shorthnd
shelter	shltr	shorthanded	shorthndd
sheltering	shltrng	shortsighted	shortsytd
shelve	shlv	short-term	shorttrm
shelving	shlvg	short-time	shortym

should	**shd**	similarly	**zmlrly**
shoulder	**shldr**	simile	**zmly**
shouldering	**shldrng**	similitude	**zmltwd**
shout	**shwt'**	simmer	**zmr**
show	**shw**	simmering	**zmrng**
showcase	**shwcs**	simple	**zmpl**
showdown	**shwdwn**	simplicity	**zmplzty**
shower	**shwr**	simplification	**zmplfczn**
showering	**shwrng**	simplify	**zmplfy**
showing	**shwng**	simulate	**zmlht**
showmanship	**shwmnshp**	simulating	**zmlhtg**
showroom	**shwrm**	simulation	**zmlhzn**
shutter	**shutr**	simultaneous	**zmltnyz**
shuttle	**shutl**	since	**snz**
sick	**sk**	sincere	**snzr**
sickness	**sknz**	sincerely	**snzrly**
side	**sd**	sincerity	**snzrty**
sideboard	**sdbrd**	sing	**sng**
side-effect	**sdefct**	singing	**sngng**
sidelight	**sdlyt**	single	**sngl**
sight	**syt**	single-handed	**snglhndd**
sighting	**sytg**	single-minded	**snglmndd**
sightseer	**sytzyr**	singular	**sngwlr**
sightseeing	**sytzg**	singularity	**sngwlrty**
sign	**sgn**	singularise	**sngwlrz**
sign	**syn**	sinister	**znstr**
signing	**sgng**	sink	**snk**
signing	**syng**	sinking	**snkg**
signwriter	**synwrtr**	sinuate	**znwt**
signature	**sgnhtr**	sinuating	**znwtg**
silence	**slnz**	sinuation	**znwzn**
silencing	**slnzg**	sir	**sr**
silent	**slnt**	sister	**sstr**
silently	**slntly**	site	**syt**
silhouette	**zlhwt**	sited	**sytd**
silk	**zlk**	siting	**sytg**
silken	**zlkn**	sitting	**sitg**
silver	**slvr**	sitter	**sitr**
silver	**zlvr**	situate	**ztwt**
silverware	**zlvrwhr**	situated	**ztwtd**
silverware	**slvrwhr**	situating	**ztwtg**
similar	**zmlr**	situation	**ztwzn**
similarity	**zmlrty**	six	**sx**

sixteen	**sxtn**	slowcoach	**slwcwch**
sixty	**sxty**	slowdown	**slwdwn**
size	**sz**	slowly	**slwly**
sizing	**szg**	slowness	**slwnz**
sketch	**skch**	small	**sml**
sketching	**skchg**	smaller	**smlr**
skill	**skl**	smallest	**smlst**
skilful	**sklfl**	smashing	**smashg**
skilfulness	**sklflnz**	smear	**smyr**
skylight	**skylyt**	smearing	**smyrng**
skyway	**skywy**	smile	**smyl**
slain	**slhn**	smiling	**smylg**
slander	**slandr**	smock	**smoc**
slanderous	**slandrwz**	smoke	**smok**
slapped	**slapd**	smoking	**smokg**
slashing	**slashg**	smoker	**smokr**
slaughter	**slawtr**	smooth	**smwth**
slaughtering	**slawtrng**	smoulder	**smwldr**
slaughterhouse	**slawtrhwz**	smuggle	**smugl**
sleep	**slp**	smuggling	**smuglg**
sleeper	**slpr**	snack	**snak**
sleeping	**slpg**	snatch	**snach**
sleepless	**slpls**	snatching	**snachg**
sleeplessness	**slplsnz**	snobbery	**snobry**
sleepy	**slpy**	snooper	**snwpr**
sleeve	**zlv**	soak	**zwk**
sleight	**zlyt**	soaking	**zwkg**
sleuth	**slwth**	sober	**sobr**
slice	**slyz**	sobriety	**sobryty**
sliced	**slyzd**	soccer	**socr**
slicer	**slyzr**	sociability	**sozblty**
slicing	**slyzg**	sociable	**sozbl**
slide	**slyd**	social	**sozl**
sliding	**slydg**	socialism	**sozlsm**
slight	**slyt**	socialist	**sozlst**
slightest	**slytst**	socialistic	**sozlstc**
slightly	**slytly**	society	**sozty**
slighting	**slytg**	society	**szty**
slipper	**slipr**	sociology	**sozljy**
slipping	**slipg**	sociological	**sozljcl**
sloping	**slwpg**	sock	**sok**
slotting	**slotg**	socket	**sokt**
slow	**slw**	softwood	**softwd**

soil	**zwl**	sordid	**sordd**
soiling	**zwlg**	sordidness	**sorddnz**
sojourn	**sojrn**	sorrow	**sorw**
soldier	**soldyr**	sorrowful	**sorwfl**
sole	**sol**	sorry	**sory**
solicit	**slzt**	sorrowing	**sorwng**
solicitation	**slztzn**	sorter	**sortr**
solicited	**slztd**	sorting	**sortg**
solicitor	**slztr**	sought	**sawt**
solicitous	**slztwz**	sound	**zwnd**
solicitude	**slztwd**	sounded	**zwndd**
solid	**zold**	sounding	**zwndg**
solidarity	**zoldrty**	soundproof	**zwndprwf**
solidified	**zoldfd**	soup	**zwp**
solidify	**zoldfy**	source	**sorz**
solidification	**zoldfczn**	south	**sth**
solidly	**zoldly**	southeast	**sthest**
soliliquise	**slilqz**	southeastern	**sthestrn**
soliliquising	**slilqzg**	southern	**sthrn**
soliloquy	**slilqy**	southwest	**sthwst**
solitary	**zoltry**	southwestern	**sthwstrn**
solitude	**zoltwd**	souvenir	**zwvnr**
soloist	**solwst**	sovereign	**sovrn**
solubility	**zlwblty**	sovereignty	**sovrnty**
soluble	**zlwbl**	Soviet	**Sovyt**
solution	**zlwzn**	space	**spaz**
solve	**solv**	spacious	**spashz**
solving	**solvg**	spanning	**span'g**
solvent	**solvnt**	spare	**spr**
some	**sm**	sparing	**sprng'**
somebody	**smbdy**	spare-parts	**sprprts**
somehow	**smhw**	speak	**spk**
someone	**smwn**	speaker	**spkr**
something	**smthg**	speaking	**spkg**
somewhat	**smwht**	special	**spzl**
somewhere	**smwhr**	specialisation	**spzlzn**
sonorous	**sonrwz**	specialise	**spzlz**
soon	**sn**	specialising	**spzlzg**
sooner	**snr**	specialist	**spzlst**
soothing	**swthg**	speciality	**spzlty**
sophisticate	**sofstct**	specially	**spzly**
sophisticated	**sofstctd**	species	**spzs**
sophistication	**sofstczn**	specific	**spzsfc**

specifically	**spzsfcly**	spoon	**spwn**
specification	**spzfczn**	sporting	**sportg**
specified	**spzfd**	spotted	**spotd**
specify	**spzfy**	spouse	**spwz**
specifying	**spzfyg**	spread	**spred**
specimen	**spzmn**	spreading	**spredg**
spectacle	**spctcl**	spring	**sprng**
spectacular	**spctclr**	springing	**sprngng**
spectator	**spcttr**	springtime	**sprngtym**
speculate	**spclht**	sprout	**sprwt**
speculating	**spclhtg**	sprouting	**sprwtg**
speculation	**spclhzn**	spurious	**spwrz**
speculative	**spclhtv**	spying	**spyg**
speculator	**spclhtr**	squad	**sqwd**
speech	**spch**	squadron	**sqwdrn**
speed	**spd**	squalid	**sqwld**
speeding	**spdg**	squalor	**sqwlr**
speedway	**spdwy**	squander	**sqwndr**
speedometer	**spdomtr**	squandering	**sqwndrng**
spell	**spel**	square	**sqr**
spellbound	**spelbwnd**	squash	**sqwsh**
spelling	**spelg**	squashing	**sqwshg**
spend	**spnd**	squeamish	**sqmsh**
spending	**spndg**	squeeze	**sqz**
spent	**spnt**	squeezing	**sqzg**
sphere	**sfyr**	stabilise	**stablz**
spherical	**sfrcl**	stabiliser	**stablzr**
spider	**spydr**	stabilising	**stablzg**
spilling	**spilg**	stability	**stablty**
spine	**spyn**	stable	**stabl**
spinster	**spnstr**	staff	**stf**
spiral	**spyrl**	stage	**staj**
spire	**spyr**	staging	**stajg**
spirit	**sprt**	stagger	**stagr**
spiritual	**sprtwl**	staggering	**stagrng**
spiteful	**spytfl**	stagnate	**stagnht**
spitefulness	**spytflnz**	stagnation	**stagnhzn**
spoil	**spwl**	stain	**stn**
spoilt	**spwlt**	stained	**stnd'**
spoken	**spokn**	staining	**stng**
sponsor	**sponsr**	stainless	**stnls**
spontaneity	**spntnyty**	stair	**str**
spontaneous	**spntnyz**	staircase	**strcs**

stairway	**strwy**	steady	**stedy**
stall	**stal**	steal	**stl'**
stalling	**stalg**	stealth	**stlth**
stamp	**stmp**	stealing	**stlg'**
stamping	**stmpg**	steam	**stm**
stampede	**stmpyd**	steamer	**stmr**
stampeding	**stmpydg**	steamroller	**stmrolr**
stand	**stnd**	steamship	**stmshp**
standby	**stndby**	stemmed	**stemd**
stand-down	**stndwn**	stemming	**stemg**
stand-in	**stndn**	stenographer	**stnogrfr**
standard	**stndrd**	stenographic	**stnogrfc**
standardisation	**stndrdzn**	stenography	**stnogrfy**
standardise	**stndrdz**	step	**stp**
standardising	**stndrdzg**	stepped	**stpd**
standing	**stndg**	stepping	**stpg**
standstill	**stndstl**	steppingstone	**stpgston**
start	**strt**	stereo	**sterw**
starter	**strtr**	stereotyped	**sterwtypd**
starting	**strtg**	stern	**strn**
startle	**strtl**	steward	**stwrd**
stated	**statd**	stewardess	**stwrdz**
stateroom	**statrm**	stick	**stk**
statesman	**statsmn**	sticking	**stkg**
statesmanship	**statsmnshp**	stifle	**styfl**
statement	**statm**	stifling	**styflg**
stating	**statg**	still	**stl**
station	**stazn**	stimulate	**stmlht**
stationer	**staznr**	stimulating	**stmlhtg**
stationery	**staznry**	stimulation	**stmlhzn**
statistic	**statstc**	stimulent	**stmlnt**
statistical	**statstcl**	stipulate	**stplht**
statistician	**statzn**	stipulating	**stplhtg**
status	**statz**	stipulation	**stplhzn**
statute	**statwt**	stock	**stok**
statutory	**statwtry**	stockmarket	**stokmrkt**
staunch	**stwnch**	stockade	**stocd**
stay	**sty**	stocked	**stokd**
stayed	**styd**	stockholder	**stokhldr**
staying	**styg**	stocking	**stokg**
steadfast	**stedfst**	stockpiling	**stokpylg**
steadier	**stedyr**	stocktaking	**stoktkg**
steadily	**stedly**	stoic	**stwc**

stoical	**stwcl**	striking	**strykg**
stoicism	**stwzsm**	striker	**strykr**
stole	**stol**	struggle	**strugl**
stolen	**stoln**	struggling	**struglg**
stomach	**stomc**	student	**stwdnt**
stood	**stwd**	studious	**stwdyz**
stoppage	**stopj**	studying	**studyg**
stopping	**stopg**	studied	**studyd**
stopover	**stopovr**	stupendous	**stwpndz**
storage	**storj**	stupid	**stwpd**
store	**stor**	stupidity	**stwpdty**
stored	**stord**	style	**styl**
storing	**storng**	styling	**stylg**
stout	**stwt**	sub	**sb**
stowage	**stowj**	subaquatic	**sbaqtc**
stowing	**stowng**	sub-committee	**sbcmty**
straight	**strht**	subconscious	**sbcnshz**
straighten	**strhtn**	subconsciously	**sbcnshzly**
straightening	**strhtng**	subconsciousness	**sbcnshznz**
straightforward	**strhtfwrd**	subcontract	**sbcntrct**
strain	**strhn**	subcontracting	**sbcntrctg**
straining	**strhng**	subcontractor	**sbcntrctr**
strainer	**strhnr**	subdivide	**sbdvd**
strange	**strnj**	subdividing	**sbdvdg**
stranger	**strnjr**	subdivision	**sbdvzn**
strategic	**stratjc**	subdue	**sbdw**
stream	**strm**	subduing	**sbdwng**
streaming	**strmg**	sub-human	**sbhwmn**
streamline	**strmlyn**	sub-lease	**sblz**
strength	**strnth**	sub-let	**sblt**
strengthen	**strnthn**	sub-letting	**sbltg**
strengthening	**strnthng**	subjacent	**sbjsnt**
strenuous	**strnwz**	subject	**sbjct**
stress	**strz**	subjecting	**sbjctg**
stressful	**strzfl**	subjection	**sbjcn**
stretch	**strech**	subjective	**sbjctv**
stretching	**strechg**	subjoin	**sbjwn**
stretcher	**strechr**	subjoint	**sbjwnt**
stricken	**strcn**	subjointly	**sbjntly**
stride	**stryd**	subjugate	**sbjwgt**
striding	**strydg**	subjugating	**sbjwgtg**
strife	**stryf**	subjugation	**sbjwgzn**
strike	**stryk**	sublimate	**sblmt**

sublimating	**sblmtg**	substitute	**sbstwt**
sublimation	**sblmzn**	substituting	**sbstwtg**
sublime	**sblym**	substitution	**sbstwzn**
subliminal	**sblmnl**	subterfuge	**sbtrfwj**
submerge	**sbmrj**	subterranean	**sbtrhnyn**
submerging	**sbmrjg**	subtitle	**sbtytl**
submersion	**sbmrzn**	subtle	**sutl**
submissible	**sbmzbl**	subtleness	**sutlnz**
submission	**sbmzn**	subtlety	**sutlty**
submissive	**sbmzv**	subtract	**sbtrct**
submit	**sbmt**	subtracting	**sbtrctg**
submitting	**sbmtg**	subtraction	**sbtrcn**
subnormal	**sbnrml**	suburb	**sbrb**
subordinate	**sbrdnht**	suburban	**sbrbn**
subordination	**sbrdnhzn**	suburbia	**sbrba**
subpoena	**sbpna**	subvention	**sbvnzn**
subscribe	**sbscrb**	subway	**sbwy**
subscribing	**sbscrbg**	succeed	**sczd**
subscription	**sbscrpn**	succeeded	**sczdd**
subsequenced	**sbsqnz**	succeeding	**sczdg**
subsequent	**sbsqnt**	success	**sczs**
subsequently	**sbsqntly**	successful	**sczsfl**
subserve	**sbsrv**	successfully	**sczsfuly**
subservient	**sbsrvynt**	succession	**sczsn**
subside	**sbsd**	successive	**sczsv**
subsidence	**sbsdnz**	successor	**sczsr**
subsidiary	**sbsdyry**	succinct	**scznct**
subsiding	**sbsdg**	succulent	**scwlnt**
subsidisation	**sbsdzn**	succumb	**sucm**
subsidise	**sbsdz**	succumbing	**sucmg**
subsidising	**sbsdzg**	such	**sch**
subsidy	**sbsdy**	suction	**sucn**
subsist	**sbsst**	sudden	**sudn**
subsistence	**sbsstnz**	suddenly	**sudnly**
subsisting	**sbsstg**	sue	**su**
substance	**sbstnz**	sue	**zu**
substandard	**sbstndrd**	suede	**swad**
substantial	**sbstnzl**	suffer	**sufr**
substantialise	**sbstnzlz**	sufferer	**sufrr**
substantiate	**sbstnzyt**	sufferance	**sufrnz**
substantiating	**sbstnzytg**	suffice	**sufz**
substantiation	**sbstnzyzn**	sufficiency	**sfznzy**
substantive	**sbstntv**	sufficient	**sfznt**

sufficiently	**sfzntly**	superabundance	**suprabundnz**
suffix	**sufx**	superannuate	**suprhnwt**
suffocate	**sufct**	superannuation	**suprhnwzn**
suffocating	**sufctg**	superb	**suprb**
suffocation	**sufczn**	supercilious	**suprzlyz**
suggest	**sjst**	superficial	**suprfzl**
suggesting	**sjstg**	superfine	**suprfyn**
suggestion	**sjstn**	superfluity	**suprflwty**
suggestive	**sjstv**	superfluous	**suprflwz**
suicidal	**zwsdl**	superhuman	**suprhwmn**
suicide	**zwsd**	superintend	**suprntnd**
suing	**zwng**	superintended	**suprntndd**
suit	**zut**	superintendence	**suprntndnz**
suit	**zwt**	superintendent	**suprntndnt**
suite	**swyt**	superior	**supryr**
suited	**zwtd**	superiority	**supryrty**
suited	**zutd**	superlative	**suprlhtv**
suitable	**zutbl**	superlatively	**suprlhtvly**
suitable	**zwtbl**	supermarine	**suprmhrn**
suiting	**zutg**	supermarket	**suprmrkt**
suiting	**zwtg**	supernatural	**suprnhtrl**
summarily	**sumrly**	supersede	**suprzd**
summarise	**sumrz**	superseded	**suprzdd**
summarising	**sumrzg**	superseding	**suprzdg**
summarisation	**sumrzn**	supersonic	**suprsonc**
summary	**sumry**	superstition	**suprstzn**
summed	**sumd**	superstitious	**suprstshz**
summer	**sumr**	supervise	**suprvz**
summing	**sumg**	supervision	**suprvzn**
summon	**sumn**	supervisor	**suprvzr**
summoning	**sumng**	supper	**zupr**
sumptuous	**sumptwz**	supplant	**suplnt**
sumptuously	**sumptwzly**	supplanting	**suplntg**
sunbathe	**sunbhth**	supple	**supl**
sunbathing	**sunbhthg**	supplement	**suplmnt**
sunbeam	**sunbm**	supplemental	**suplmntl**
sunburn	**sunbrn**	supplementary	**suplmntry**
sunburnt	**sunbrnt**	suppliant	**suplynt**
sunlight	**sunlyt**	supplicant	**suplcnt**
sunrise	**sunrz**	supplication	**suplczn**
sunset	**sunzt**	supplied	**splyd**
super	**supr**	supplier	**splyr**
superable	**suprhbl**	supply	**sply**

supplying	**splyg**	surrendering	**srndrng**
support	**zport**	surreptitious	**srptshz**
supportable	**zportbl**	surrogate	**srogt**
supporter	**zportr**	surrogation	**srogzn**
supporting	**zportg**	surround	**srwnd**
supportive	**zportv**	surrounded	**srwndd**
suppose	**spz**	surrounding	**srwndg**
supposing	**spzg**	surtax	**srtx**
supposition	**spzn**	surveillance	**srvynz**
suppositional	**spznl**	survey	**srvy**
supposititious	**spztshznz**	surveying	**srvyg**
suppress	**zprs**	surveyor	**srvyr**
suppressing	**zprsg**	survival	**srvvl**
suppressive	**zprsv**	survive	**srvv**
suppressor	**zprsr**	survivor	**srvvr**
supremacy	**zprmzy**	susceptibility	**suzptblty**
supreme	**zprm**	susceptible	**suzptbl**
supremely	**zprmly**	susception	**suzpn**
surcharge	**srchrj**	suspect	**suspct**
sure	**zr**	suspecting	**suspctg**
surely	**zrly**	suspend	**suspnd**
surest	**zrst**	suspender	**suspndr**
surety	**zrty**	suspending	**suspndg**
surface	**srfs**	suspense	**suspnz**
surfeit	**srft**	suspension	**suspnzn**
surge	**srj**	suspicion	**suspzn**
surging	**srjg**	suspicious	**suspshz**
surgeon	**srjn**	suspiciously	**susphzly**
surgery	**srjry**	sustain	**sustn**
surgical	**srjcl**	sustaining	**sustng**
surmise	**srmz**	sustenance	**sustnnz**
surmising	**srmzg**	swatch	**swach**
surmount	**srmwnt**	swaying	**swyg**
surmountable	**srmwntbl**	swayed	**swyd**
surmounting	**srmwntg**	swear	**swr**
surname	**srnm**	Swedish	**Swdsh**
surpass	**srps**	sweep	**swp**
surpassed	**srpsd**	sweeping	**swpg**
surplus	**srplus**	sweeper	**swpr**
surprise	**srprz**	sweet	**swt**
surprising	**srprzg**	sweeten	**swtn**
surrender	**srndr**	sweeter	**swtr**
surrendered	**srndrd**	sweetening	**swtng**

swelling	**swelg**	systematic	**sstmtc**
swim	**swm**	systematical	**sstmtcl**
swimmer	**swmr**	systematically	**sstmtcly**
swimming	**swmg**		
swindle	**swndl**		
swindler	**swndlr**	# Tt	
swindling	**swndlg**		
swing	**swng**	table	**tbl**
swinging	**swngng**	tableau	**tblw**
switch	**swch**	tablecloth	**tblclth**
switchboard	**swchbrd**	tablespoon	**tblspwn**
switching	**swchg**	tablespoonful	**tblspwnfl**
syllable	**zlbl**	tablet	**tblt**
syllabus	**zlbuz**	tableware	**tblwhr**
symbol	**zmbl**	tabloid	**tblwd**
symbolise	**zmblz**	tabulate	**tblht**
symbolising	**zmblzg**	tabulating	**tblhtg**
symbolisation	**zmblzn**	tabulation	**tblhzn**
symmetrical	**zmtrcl**	tacit	**tazt**
symmetry	**zmtry**	taciturn	**taztrn**
sympathetic	**zmpthtc**	tackle	**takl**
sympathetically	**zmpthtcly**	tackling	**taklg**
sympathise	**zmpthz**	tactic	**tactc**
sympathising	**zmpthzg**	tactical	**tactcl**
sympathy	**zmpth**	tactician	**tactzn**
symphony	**zmfny**	tagging	**tagng**
symposium	**zmpzym**	tagged	**tagd**
symptom	**zmptm**	tailor	**tlr**
synagogue	**zngog**	tailormade	**tlrmd**
synchronisation	**zncronzn**	tailoring	**tlrng**
synchronise	**zncronz**	take	**tk**
synchronising	**zncronzg**	taken	**tkn**
syndicate	**zndct**	taking	**tkg**
syndicated	**zndctd**	takeover	**tkovr**
synergy	**znrjy**	talk	**tlk**
synonym	**znonm**	tall	**tal**
synonymous	**znonmz**	talent	**talnt**
synopsis	**znopss**	talented	**talntd**
synthesis	**znthss**	talkative	**tlktv**
synthetize	**znthtz**	talker	**tlkr**
synthetic	**znthtc**	talking	**tlkg**
synthetically	**znthtcly**	tamper	**tampr**
system	**sstm**	tampering	**tamprng**

tangent	**tanjnt**	teacup	**tcup**
tangible	**tanjbl**	tearoom	**t'rm**
tanker	**tankr**	team	**tm**
tangle	**tangl**	teapot	**tpot**
tangling	**tanglg**	teaset	**tzt**
tantalise	**tntlz**	teaspoon	**tspwn**
tantalising	**tntlzg**	technical	**tcncl**
tantalisation	**tntlzn**	technicality	**tcnclty**
tantamount	**tntmwnt**	technique	**tcnq**
tape	**tp**	technologist	**tcnljst**
tapemeasure	**tpmzr**	technological	**tcnljcl**
tape recorder	**tprcrdr**	technology	**tcnljy**
taped	**tpd**	tedious	**tdyz**
taping	**tpg**	tediously	**tdyzly**
tapping	**tapg**	tedium	**tdym**
target	**trgt**	teeming	**tmg'**
tariff	**trf**	teenage	**tnaj**
tarnish	**trnsh**	teenager	**tnajr**
tarnishing	**trnshg**	teeth	**tyth**
tarnishment	**trnshm**	telegram	**tlgrm**
tarpaulin	**trpwln**	telegraph	**tlgrf**
task	**tsk**	telegraphic	**tlgrfc**
taskforce	**tskfz**	telepathy	**tlpthy**
taste	**tast**	telephone	**tlfn**
tasting	**tastg**	telephonic	**tlfnc**
tasted	**tastd**	telephonist	**tlfnst**
tasteful	**tastfl**	telephoto	**tlfto**
tastefully	**tastfuly**	teleprinter	**tlprntr**
tasting	**tastg**	telescope	**tlscop**
tasteless	**tastls**	telescopic	**tlscopc**
tattered	**tatrd**	teletype	**tltyp**
tattoo	**tatw**	teleview	**tlvw**
tattoing	**tatwng**	televise	**tlvz**
taught	**tawt**	televising	**tlvzg**
taunt	**twnt**	television	**tlvzn**
tavern	**tvrn**	tell	**tel**
tax	**tx**	teller	**telr**
taxable	**txbl**	telling	**telg**
taxation	**txzn**	temper	**tmpr**
taxed	**txd**	temperament	**tmpramnt**
teach	**tch**	temperamental	**tmpramntl**
teacher	**tchr**	temperature	**tmprhtr**
teaching	**tchg**	tempestuous	**tmpstwz**

temporary	tmpry	terror	tror
tempt	tmpt	terrorise	trorz
temptation	tmptzn	terrorising	trorzg
tempting	tmptg	terrorisation	trorzn
tenable	tnabl	terylene	trlyn
tenacious	tnashz	test	tst
tenacity	tnazty	testament	tstmnt
tenant	tnant	testator	tsttr
ten	tn	testatrix	tsttrx
tend	tnd	tested	tstd
tended	tndd	tester	tstr
tendency	tndnzy	testified	tstfd
tendentious	tndnshz	testify	tstfy
tender	tndr	testifying	tstfyg
tendering	tndrng	testification	tstfczn
tenderise	tndrz	testifier	tstfyr
tenderising	tndrzg	testimony	tstmny
tenfold	tnfold	testimonial	tstmnyl
tennis	tns	testing	tstg
tense	tnz	text	txt
tension	tnzn	textbook	txtbwk
tentative	tnttv	textile	txtl
tentatively	tnttvly	texture	txtur
tenure	tnur	thank	tnk
term	trm	thankingq	tnkg
terminable	trmnbl	thanked	tnkd
terminal	trmnl	thankful	tnkfl
terminate	trmnht	thankfully	tnkfuly
terminating	trmnhtg	thanking	tnkg
termination	trmnhzn	thankless	tnkls
terminology	trmnljy	thanklessly	tnklsly
terminus	trmnus	thanksgiving	tnksgvg
terrace	trhz	that	tht
terrain	trhn'	the	th
terrazzo	trhzo	theatre	thytr
terrestrial	trstryl	theatrical	thytrcl
terrible	trbl	theft	thft
terrific	trfc	their	thyr
terrified	trfd	them	thm
terrify	trfy	theme	thym
terrifying	trfyg	themselves	thmslvs
territorial	trtoryl	then	thn
territory	trtory	thence	thnz

thenceforth	**thnzfth**	thoroughness	**thorwnz**
thenceforward	**thnzfwrd**	though	**tho**
theological	**thyljcl**	thought	**thawt**
theologist	**thyljst**	thoughtful	**thawtfl**
theology	**thyljy**	thoughtfully	**thawtfuly**
theoretical	**thyrtcl**	thoughtless	**thawtls**
theorist	**thyrst**	thoughtlessly	**thawtlsly**
theory	**thyry**	thousand	**thwznd**
theorise	**thyrz**	threading	**thredg**
theorising	**thyrzg**	threaten	**thretn**
there	**thr**	threatening	**thretng**
thereabout	**thrabwt**	threw	**thrw**
thereafter	**thraftr**	thrive	**thrv**
thereby	**thrby**	thriving	**thrvg**
therefore	**thrfr**	through	**thru**
therefrom	**thrfrm**	throughout	**thrwot**
therein	**thrn**	throwback	**throwbk**
thereof	**thrv**	thrusting	**thrustg**
thereto	**thrto**	ticket	**tkt**
thereupon	**thrupn**	tidal	**tydl**
therewith	**thrwth**	tidings	**tydgs**
thermometer	**thrmomtr**	tie	**ty**
these	**thz**	tieing	**tyg**
thesis	**thss**	tied	**tyd**
they	**thy**	tiger	**tygr**
thick	**thk**	tight	**tyt**
thicken	**thkn**	tighten	**tytn**
thickening	**thkng**	tightening	**tytng**
thicker	**thkr**	tightly	**tytly**
thickness	**thknz**	tightness	**tytnz**
thief	**thf**	tile	**tyl**
thieves	**thvs**	tiled	**tyld**
thing	**thng**	tiling	**tylg**
think	**thnk**	till	**tl**
thinker	**thnkr**	timber	**tmbr**
thinking	**thnkg**	time	**tym**
third	**thrd**	timekeeper	**tymkpr**
thirdrate	**thrdrht**	timing	**tymg**
thirst	**thrst**	timetable	**tymtbl**
this	**ths**	timid	**tmd**
thorough	**thorw**	timidity	**tmdty**
thoroughfare	**thorwfhr**	timidly	**tmdly**
thoroughly	**thorwly**	timorous	**tmrwz**

tipping	**tipg**	toppled	**topld**
tire	**tyr**	toppling	**toplg**
tiring	**tyrng**	tormenting	**tormntg**
tireless	**tyrls**	torrent	**tornt**
tiresome	**tyrsm**	torrential	**tornzl**
tissue	**tzw**	tortous	**tortz**
tithe	**tyth**	tortuous	**tortwz**
title	**tytl**	toss	**toz**
titular	**ttwlr**	total	**ttl**
titillate	**ttlht**	totalled	**ttld**
titilating	**ttlhtg**	totally	**ttly**
titilation	**ttlhzn**	totalling	**ttlg**
titivate	**ttvt**	touch	**twch**
titivating	**ttvtg**	touchdown	**twchdwn**
titivation	**ttvzn**	touching	**twchg**
to	**t**	tough	**tuf**
toast	**twst**	toughen	**tufn**
toasting	**twstg**	toughening	**tufng**
toastmaster	**twstmastr**	toughness	**tufnz**
tobacco	**tbco**	tour	**twr**
tobacconist	**tbcnst**	tourism	**twrsm**
today	**tdy**	tourist	**twrst**
together	**tgthr**	toward	**twrd**
toil	**toil'**	towel	**towl**
toilet	**twlt**	towelling	**towlg**
token	**tokn**	tower	**towr**
tolerable	**tolrbl**	towering	**towrng**
tolerance	**tolrnz**	town	**twn**
tolerant	**tolrnt**	township	**twnshp**
tolerate	**tolrht**	trace	**traz**
tolerating	**tolrhtg**	tracing	**trazg**
toleration	**tolrhzn**	track	**trak**
tomato	**tmto**	tracking	**trakg**
tomorrow	**tmorw**	trackdown	**trakdwn**
tonight	**tnyt**	trade	**trd**
tonnage	**tnhj**	traded	**trdd**
too	**t'**	trader	**trdr**
took	**twk**	Trade Union	**TrdUnyn**
tool	**twl'**	trademark	**trdmrk**
tooth	**twth**	tradesman	**trdsmn**
toothache	**twthak**	tradesmen	**trdsmn'**
topic	**topc**	trading	**trdg**
topical	**topcl**	tradition	**trdzn**

traditional	**trdznl**	transit	**trnzt**
traffic	**trafc**	transition	**trnszn**
trafficker	**trafkr**	transitional	**trnsznl**
trafficking	**trafkg**	transitory	**trnztry**
tragic	**trajc**	translate	**trnzlht**
trail	**trhl**	translating	**trnzlhtg**
trailer	**trhlr**	translation	**trnzlhzn**
trailing	**trhlg**	translator	**trnzlhtr**
train	**trhn**	transmission	**trnzmzn**
trainee	**trhny**	transmit	**trnzmt**
trainer	**trhnr**	transmitted	**trnzmtd**
training	**trhng**	transmitter	**trnzmtr**
traitor	**trhtr**	transmitting	**trnzmtg**
tramping	**trampg**	transparency	**trnsprnzy**
tranquil	**tranql**	transparent	**trnsprnt**
tranquiliser	**tranqlzr**	transpire	**trnspr**
tranquility	**tranqlty**	transpiring	**trnsprng**
transact	**trnzct**	transport	**trnspt**
transacting	**trnzctg**	transportation	**trnsptzn**
transaction	**trnzcn**	transporting	**trnsptg**
transatlantic	**trnztlntc**	transpose	**trnspz**
transcend	**trnsnd**	transposition	**trnspzn**
transending	**trnsndg**	transship	**trnshp**
transcension	**trnsnzn**	transhipment	**trnshpm**
transcribe	**trnscrb**	trapped	**trapd**
transcription	**trnscrpzn**	trapper	**trapr**
transcending	**trnsndg**	trapping	**trapg**
transfer	**trnsfr**	trauma	**trwma**
transferring	**trnsfrng**	traumatic	**trwmtc**
transferable	**trnsfrbl**	travel	**trvl**
transference	**trnsfrnz**	traveller	**trvlr**
transfix	**trnsfx**	travelling	**trvlg**
transfixed	**trnsfxd**	travelogue	**trvlog**
transform	**trnsfm**	traverse	**trvrz**
transforming	**trnsfmg**	traversing	**trvrzg**
transformation	**trnsfmzn**	treacherous	**trchrwz**
transformer	**trnsfmr**	treachery	**trchry**
transgress	**trnsgrz**	tread	**tred**
transgression	**trnsgrzn**	treading	**tredg**
transgressing	**trnsgrzg**	treason	**trzn**
transgression	**trnsgrzn**	treasure	**trzr**
transient	**trnsynt**	treasurer	**trzrhr**
transistor	**trnsstr**	treasuring	**trzrng**

treasury	**trzry**	trouser	**trwsr**
treat	**trt**	trousseau	**trwso**
treating	**trtg**	truant	**trwnt**
treatment	**trtmnt**	true	**trw**
treaty	**trty**	truck	**truk**
tremendous	**trmndwz**	truculence	**truclnz**
trench	**trnch**	truculent	**truclnt**
trenchant	**trnchnt**	trudge	**truj**
trespass	**trzps**	trudging	**trujg**
trespassing	**trzpsg**	trusted	**trustd**
trespasser	**trzpsr**	trusting	**trustg**
trial	**tryl**	trustworthy	**trustwrthy**
triangle	**tryngl**	trustworthyness	**trustwrthynz**
triangular	**trynglr**	truthful	**trwthfl**
tribulation	**trblhzn**	truthfully	**trwthfuly**
tribunal	**trbwnl**	truthfulness	**trwthfulnz**
tribute	**trbwt**	trying	**tryg**
tributary	**trbwtry**	tube	**twb**
trick	**trik**	tubercular	**twbrclr**
trickery	**trikry**	tuberculosis	**twbrcloss**
tricking	**trikg**	tubing	**twbg**
trickster	**trikstr**	tubular	**twblr**
tried	**tryd**	tuition	**twzn**
triennial	**trynyl**	tunnel	**tunl**
trifle	**tryfl**	tunnelling	**tunlg**
trifling	**tryflg**	turbine	**trbyn**
triplex	**triplx**	turbulence	**trblnz**
triplicate	**trplct**	turbulent	**trblnt**
triumph	**trymf**	turmoil	**trmwl**
triumphant	**trymfnt**	turn	**trn**
trivial	**trvyl**	turned	**trnd**
triviality	**trvylty**	turner	**trnr**
troop	**trwp**	turning	**trng**
trooper	**trwpr**	turnkey	**trnky**
trooping	**trwpg**	turntable	**trntbl**
tropic	**tropc**	turpentine	**trpntn**
tropical	**tropcl**	tutor	**twtr**
trophy	**trofy**	tutorial	**twtryl**
trouble	**trubl**	twelve	**twlv**
troubled	**trubld**	twenty	**twnty**
troubling	**trublg**	twilight	**twylyt**
troublesome	**trublsm**	twinkling	**twnklg**
troupe	**trwp'**	twist	**twst**

twisted	**twstd**	umbrage	**umbrhj**
twisting	**twstg**	umbrella	**umbrla**
two	**tw**	umpire	**umpyr**
twofold	**twfold**	unabashed	**unabshd**
two-some	**twsm**	unabated	**unabhtd**
tying	**tyg**	unable	**unabl**
type	**typ**	unabridged	**unabrijd**
typescript	**typscrpt**	unabrogated	**unabrogtd**
typewriter	**tywrtr**	unacceptable	**unacptbl**
typewriting	**typwrtg**	unaccommodated	**unacmodtd**
typewriting	**typwrtg**	unaccommodating	**unacmodtg**
typewritten	**tywrtn**	unaccompanied	**unacmpnyd**
typhoid	**tyfwd**	unaccounted	**unacwntd**
typhoon	**tyfwn**	unaccountable	**unacwntbl**
typical	**tpcl**	unaccustomed	**unacstmd**
typified	**tpfd**	unachievable	**unachvbl**
typify	**tpfy**	unacknowledged	**unaknwljd**
typist	**typst**	unacquainted	**unaqntd**
typography	**typogrfy**	unacquired	**unaqrd**
typographic	**typogrfc**	unaddressed	**unadrzd**
typographical	**typogrfcl**	unadjusted	**unajstd**
tyrannic	**tyranc**	unadmitted	**unadmtd**
tyrannically	**tyrancly**	unadopted	**unadoptd**
tyrannisation	**tyranzn**	unadulterated	**unadultrhtd**
tyrannise	**tyranz**	unadventurous	**unadvntwrz**
tyrannising	**tyranzg**	unaided	**unahdd**
tyrannous	**tyranwz**	unaffected	**unafctd**
tyranny	**tyrany**	unaffiliated	**unaflytd**
		unalterable	**unaltrbl**
		unambiguous	**unambgwz**

Uu

		unanimity	**unanmty**
		unanimous	**unanmwz**
ubiquitous	**ubqtwz**	unanimously	**unanmwzly**
ubiquity	**ubqty**	unanswerable	**unansrbl**
uglier	**uglyr**	unanticipated	**unantzptd**
ugliest	**uglyst**	unappreciative	**unaprzytv**
ulcer	**ulsr**	unapproachable	**unaprwchbl**
ulcerated	**ulsrhtd**	unarmed	**unarmd**
ulceration	**ulsrhzn**	unassuming	**unazumg**
ulterior	**ultryr**	unattached	**unatchd**
ultimate	**ultmt**	unattractive	**unatrctv**
ultimately	**ultmtly**	unauthorised	**unawthrzd**
ultimatum	**ultmtm**	unavailable	**unavlbl**

unavailing	**unavlg**	uncontrollable	**uncnvznl**
unavoidable	**unavwdbl**	unconverted	**uncnvrtd**
unaware	**unawr**	unconvinced	**uncnvnzd**
unbalanced	**unblnzd**	unconvincing	**uncnvnzg**
unbearable	**unbrhbl**	uncorroborated	**uncrobrhtd**
unbecoming	**unbcmg**	uncover	**uncvr**
unbelief	**unblf**	uncovering	**uncvrng**
unbelievable	**unblvbl**	uncrossed	**uncrozd**
unbeliever	**unblvr**	uncultivated	**uncultvtd**
unbelieving	**unblvg**	undated	**undtd**
unbending	**unbndg**	undaunted	**undwntd**
unbiased	**unbyzd**	undecided	**undsdd**
unblemished	**unblmshd**	undecisive	**undszv**
unbounded	**unbwndd**	undefended	**undfndd**
unbroken	**unbrokn**	undefined	**undfynd**
uncalled	**uncld**	undelivered	**undlvrd**
uncanny	**uncny**	undemanding	**undmandg**
uncaring	**uncrng**	undemonstrative	**undmnstrhtv**
uncashed	**uncshd**	undeniable	**undnybl**
unceasing	**unzysg**	under	**undr**
unceasingly	**unzysgly**	underbidding	**undrbidg**
unceremonious	**unsrmnyz**	undercarriage	**undrcrhj**
uncertain	**unsrtn**	underclothing	**undrclwthg**
unchallenged	**unchlnjd**	undercharge	**undrchrj**
unchanged	**unchnjd**	undercharging	**undrchrjg**
unchanging	**unchnjg**	undercoat	**undrct**
unchecked	**unchkd**	undercover	**undrcvr**
uncivilised	**unsvlzd**	undercurrent	**undrcrnt**
uncollected	**unclctd**	undercutting	**undrcutg**
unclaimed	**unclmd**	underdeveloped	**undrdvlpd**
uncle	**uncl**	underdevelopment	**undrdvlpm**
unclean	**uncln**	underemployed	**undrmployd**
uncomfortable	**uncmftbl**	underemployment	**undrmploym**
uncommon	**uncmn**	underestimate	**undrstmt**
uncompromising	**uncmpromzg**	underestimating	**undrstmtg**
unconcern	**uncnsrn**	underestimation	**undrstmzn**
unconditional	**uncndznl**	undergo	**undrgo**
unconditionally	**uncndznly**	undergoing	**undrgwng**
unconfirmed	**uncnfhmd**	undergone	**undrgn**
uncongenial	**uncnjnyl**	undergraduate	**undrgradwt**
unconnected	**uncnctd**	underground	**undrgrwnd**
unconscious	**uncnshz**	underhand	**undrhnd**
unconstitutional	**uncnstwznl**	underlease	**undrlz**

underline	**undrlyn**	undisclosed	**undsclozd**
underlining	**undrlyng**	undiscovered	**undscvrd**
undermanned	**undrmand**	undisguised	**undsgzd**
undermanning	**undrmang**	undismayed	**undsmyd**
undermentioned	**undrmnznd**	undistributed	**undstrbwtd**
undermine	**undrmyn**	undisturbed	**undstrbd**
undermining	**undrmyng**	undivided	**undvdd**
underneath	**undrnth**	undone	**undn**
undernourished	**undrnrshd**	undoubted	**undwtd**
underpass	**undrps**	undoubtedly	**undwtdly**
underprivileged	**undrprvljd**	undress	**undrz**
underrate	**undrht**	undressing	**undrzg**
underrating	**undrhtg**	undue	**undw**
undersell	**undrsl**	undulating	**undwlhtg**
underselling	**undrslg**	unearned	**unernd**
undersigned	**undrsgnd**	uneasily	**unezly**
understaffed	**undrstfd**	uneasy	**unezy**
understand	**undrstnd**	uneconomic	**uncnomc**
understanding	**undrstndg**	uneconomical	**uncnomcl**
understate	**undrstat**	unedited	**unedtd**
understatement	**undrstatm**	unembarrassed	**unmbrhzd**
understood	**undrstwd**	unemotional	**unmoznl**
undertake	**undrtk**	unemployable	**unmploybl**
undertaker	**undrtkr**	unemployment	**unmploym**
undertaking	**undrtkg**	unenclosed	**unnclzd**
undertook	**undrtwk**	unencumbered	**unncmbrd**
underutilisation	**undrutlzn**	unequal	**uneql**
underutilised	**undrutlzd**	unequally	**uneqly**
undervalued	**undrvlwd**	unerringly	**unerngly**
undervaluation	**undrvlwzn**	unessential	**unesnzl**
underweight	**undrwght**	uneven	**unevn**
underwear	**undrwhr**	uneventful	**unevntfl**
underworked	**undrwrkd**	unexampled	**unxmpld**
underwrite	**undrwrt**	unexpected	**unxpctd**
underwriter	**undrwrtr**	unfailing	**unfhlg**
underwriting	**undrwrtg**	unfair	**unfhr**
undeserved	**undsrvd**	unfairly	**unfhrly**
undeserving	**undsrvg**	unfaithful	**unfhthfl**
undesirable	**undzrbl**	unfamiliar	**unfmlyr**
undetected	**undtctd**	unfashionable	**unfshnbl**
undeterred	**undtrd**	unfasten	**unfsn**
undischarged	**undschrjd**	unfavourable	**unfvrbl**
undisciplined	**undzplnd**	unfeeling	**unflhg**

unfeigned	**unfhnd**	unimpressed	**unmprsd**
unfertilised	**unfrtlzd**	uninfluenced	**unnflwnzd**
unfinished	**unfnshd**	uninfluential	**unnflwnzl**
unfit	**unft**	uninformed	**unnfmd**
unfitted	**unftd**	uninsured	**unnzrd**
unfolding	**unfoldg**	unintelligble	**unntljbl**
unforeseen	**unfzn**	unintentional	**unntnznl**
unforgettable	**unfgtbl**	uninterested	**unntrstd**
unforgiveable	**unfgvbl**	uninteresting	**unntrstg**
unforgiving	**unfgvg**	uninterrupted	**unntruptd**
unforgotten	**unfgotn**	uninvited	**unnvtd**
unformed	**unfmd**	uninviting	**unnvtg**
unfortunate	**unftnht**	union	**unyn**
unfortunately	**unftnhtly**	unionist	**unynst**
unfounded	**unfwndd**	unique	**unq**
unfriendly	**unfrndly**	uniqueness	**unqnz**
unfulfilled	**unfulfld**	unison	**unsn**
unfurnished	**unfrnshd**	unite	**unyt**
unfurl	**unfrl**	united	**unytd**
unfurling	**unfrlg**	uniting	**unytg**
ungenerous	**unjnrwz**	universal	**unvrzl**
ungentlemanly	**unjntlmnly**	universally	**unvrzly**
ungiving	**ungvg**	university	**unvrzty**
ungovernable	**ungvrnbl**	unjust	**unjst**
ungrateful	**ungrtfl**	unjustly	**unjstly**
unguarded	**ungrdd**	unjustified	**unjstfd**
unhappily	**unhply**	unkind	**unknd**
unhappy	**unhpy**	unkindly	**unkndly**
unhealthy	**unhlthy**	unknown	**unknwn**
unhesitating	**unhzttg**	unkindness	**unkndnz**
unhesitatingly	**unhzttgly**	unkindly	**unkndly**
unhook	**unhwk**	unless	**unls**
unhygienic	**unhyjnc**	unliable	**unlybl**
unification	**unfczn**	unlike	**unlk**
unified	**unfd**	unlikely	**unlkly**
unifying	**unfyg**	unlimited	**unlmtd**
uniformity	**unfmty**	unlined	**unlynd**
uniformly	**unfmly**	unlisted	**unlstd**
unilateral	**unlatrl**	unlivable	**unlivbl**
unimaginable	**unmjnbl**	unload	**unlwd**
unimaginative	**unmjnhtv**	unloading	**unlwdg**
unimpaired	**unmprd**	unlocked	**unlokd**
unimportant	**unmptnt**	unlocking	**unlokg**

unlucky	**unluky**	unreasonable	**unrsnbl**
unmanageable	**unmnjbl**	unredeemed	**unrdmd**
unmarried	**unmhryd**	unredeemable	**unrdmbl**
unmeasurable	**unmzrbl**	unregistered	**unrjstrd**
unmistakable	**unmstkbl**	unrelated	**unrlhtd**
unmitigated	**unmtgtd**	unrelenting	**unrlntg**
unmitigating	**unmtgtg**	unreliable	**unrlybl**
unmoved	**unmvd**	unremarkable	**unrmrkbl**
unnatural	**unatrl**	unremitting	**unrmtg**
unnaturally	**unatrly**	unremunerative	**unrmwnrhtv**
unnecessarily	**unzsrly**	unrepresented	**unrprsntd**
unnecessary	**unzsry**	unrequited	**unrqytd**
unnoticed	**unotzd**	unreservedly	**unrsrvdly**
unnoticeable	**unotzbl**	unrest	**unrst**
unobtainable	**unobtnbl**	unrestricted	**unrstrctd**
unoccupied	**unocpd**	unsafe	**unsf**
unofficial	**unofzl**	unsaleable	**unzlbl**
unofficially	**unofzly**	unsatisfactory	**unstsfctry**
unopen	**unopn**	unscrupulous	**unscrwplz**
unoperative	**unoprhtv**	unsecured	**unscwrd**
unorganised	**unorgnzd**	unseen	**unzn**
unorthodox	**unorthdx**	unselfish	**unslfsh**
unpaid	**unpd**	unselfishness	**unslfshnz**
unpalatable	**unplhtbl**	unsettle	**unztl**
unparalleled	**unprhlld**	unsettling	**unztlg**
unplanned	**unpland**	unsightly	**unsytly**
unpleasant	**unplznt**	unskilled	**unskld**
unpopular	**unpoplr**	unsociable	**unsozbl**
unprecedented	**unprzdntd**	unsophisticated	**unsfstctd**
unprejudiced	**unprjwdzd**	unsolicited	**unslztd**
unpremeditated	**unprymdttd**	unsound	**unzwnd**
unprepared	**unprprd**	unspeakable	**unspkbl**
unprepossessing	**unprypzsg**	unspecified	**unspzfd**
unprincipaled	**unprnspld**	unspecifying	**unspzfyg**
unproductive	**unprodctv**	unspoken	**unspokn**
unprofitable	**unproftbl**	unsteady	**unstdy**
unprotected	**unprotctd**	unsubsidised	**unsbsdzd**
unprovoked	**unprovkd**	unsuccessful	**unsczsfl**
unpublished	**unpblshd**	unsuccessfully	**unsczsfly**
unqualified	**unqlfd**	unsuitable	**unzwtbl**
unquestionable	**unqstnbl**	unsure	**unzr**
unquoted	**unqwtd**	unsurmountable	**unsrmwntbl**
unrealisable	**unrylzbl**	unsurpassed	**unsrpsd**

unsuspected	**unsuspctd**	upholding	**upholdg**
unsuspecting	**unsuspctg**	upholster	**upholstr**
unswerving	**unswrvg**	upholsterer	**upholstrr**
unsympathetic	**unzmpthtc**	uplifting	**uplftg**
unthinkable	**unthnkbl**	uplifted	**uplftd**
untaxed	**untxd**	upmarket	**upmrkt**
untie	**unty'**	upon	**upn**
untied	**untyd**	upper	**upr**
until	**untl**	uppermost	**uprmst**
untimely	**untymly**	uprising	**uprzg**
untoward	**untwrd**	uproar	**upror**
untried	**untryd**	uproarious	**uproryz**
untrodden	**untrodn**	uproot	**uprwt**
untrue	**untrw**	uprooting	**uprwtg**
unused	**unuzd**	upset	**upzt**
unusual	**unuzwl**	upsetting	**upztg**
unusually	**unuzwly**	upstairs	**upstrs**
unvaried	**unvryd**	upstart	**upstrt**
unvarying	**unvryg**	upsurge	**upsrj**
unveil	**unvhl**	upswing	**upswng**
unveiling	**unvhlg**	uptight	**uptyt**
unversed	**unvrzd**	upward	**upwrd**
unwarrantable	**unwrhntbl**	urbane	**urbhn**
unwarranted	**unwrhntd**	urban	**urbn**
unwarranting	**unwrhntg**	urbanise	**urbnz**
unwelcome	**unwlcm**	urbanising	**urbnzg**
unwell	**unwel**	urbanisation	**urbnzn**
unwholesome	**unwholsm**	urbanity	**urbnty**
unwilling	**unwlg**	urge	**urj**
unwillingly	**unwlgly**	urgent	**urjnt**
unwise	**unwz**	urgently	**urjntly**
unwittingly	**unwitgly**	urging	**urjg**
unworkable	**unwrkbl**	usable	**uzbl**
unworthy	**unwrthy**	usage	**uzj**
unwritten	**unwrtn**	used	**uz**
unyielding	**unyldg**	used	**uzd**
upbringing	**upbrngng**	useful	**uzfl**
update	**updt**	usefully	**uzfuly**
updated	**updtd**	usefulness	**uzflnz**
updating	**updtg**	useless	**uzls**
upheaval	**uphvl**	uselessly	**uzlsly**
upheave	**uphv**	uselessness	**uzlsnz**
upheld	**uphld**	user	**uzr**

usher	**ushr**	vague	**vhg**
usherette	**ushrt**	vaguely	**vhgly**
using	**uzg**	vain	**vhn**
usual	**uzwl**	vainly	**vhnly**
usually	**uzwly**	vale	**vhl**
usurer	**uzrhr**	valet	**vhlt**
usurp	**usrp**	valiant	**vlynt**
usurper	**usrpr**	valid	**vld**
usurping	**usrpg**	validity	**vldty**
utensil	**utnsl**	valise	**vhlz**
utilitarian	**utltryn**	valley	**valy**
utilitarianism	**utltrynsm**	valorous	**valrwz**
utility	**utlty**	valour	**valr**
utilisation	**utlzn**	valuable	**vlwbl**
utilise	**utlz**	valuation	**vlwzn**
utilising	**utlzg**	valuer	**vlwr**
utmost	**utmst**	value	**vlw**
utter	**utr**	valued	**vlwd**
utterance	**utrnz**	vandal	**vndl**
uttering	**utrng**	vandalise	**vndlz**
utterly	**utrly**	vandalising	**vndlzg**
uttermost	**utrmst**	vandalisation	**vndlzn**
		vandalism	**vndlsm**
		vanilla	**vnla**
		vanish	**vnsh**
		vanishing	**vnshg**

vacancy	**vcnzy**	vanquish	**vnqsh**
vacant	**vcnt**	vanquishing	**vnqshg**
vacate	**vct**	vantage	**vntj**
vacating	**vctg**	vapid	**vapd**
vacation	**vczn**	vapour	**vapr**
vaccinate	**vcznht**	variable	**vrybl**
vaccinating	**vcznhtg**	variance	**vrynz**
vaccination	**vcznhzn**	variant	**vrynt**
vaccine	**vczn**	variation	**vryzn**
vacillate	**vzlht**	varied	**vryd**
vascillated	**vzlhtd**	variety	**vryty**
vascillating	**vzlhtg**	various	**vryz**
vascillation	**vzlhzn**	varnish	**vrnsh**
vacuous	**vcwz**	varnishing	**vrnshg**
vaccum	**vcwm**	varying	**vryg**
vagrancy	**vgrnzy**	vase	**vhz**
vagrant	**vgrnt**	vassal	**vzl**

Vatican	**Vatcn**	venturesome	**vntursm**
vaudeville	**vwdvl**	venturing	**vnturng**
vault	**vwlt**	venue	**vnw**
vaulting	**vwltg**	veracious	**vrashz**
vaunt	**vwnt**	veracity	**vrazty**
vaunted	**vwntd**	verandah	**vranda**
veal	**vl**	verb	**vrb**
veered	**vrd**	verbal	**vrbl**
veering	**vrng**	verbalise	**vrblz**
vegetable	**vjtbl**	verbalising	**vrblzg**
vegetarian	**vjtryn**	verbalisation	**vrblzn**
vegetarianism	**vjtrynsm**	verbatim	**vrbhtm**
vegetation	**vjtzn**	verbage	**vrbj**
vehemence	**vhmnz**	verbiage	**vrbyj**
vehemen	**vhmnt**	verbose	**vrboz**
vehicle	**vhcl**	verbosity	**vrbozty**
vehicula	**vhclr**	verdict	**vrdct**
veil	**vhl**	verge	**vrj**
veiled	**vhld**	verging	**vrjg**
veiling	**vhl**	verification	**vrfczn**
velocity	**vlozty**	verified	**vrfd**
velvet	**vlvt**	verify	**vrfy**
velveteen	**vlvtn**	verifying	**vrfyg**
vender	**vndr**	veritable	**vrtbl**
vendetta	**vndta**	vermillion	**vrmlyn**
vending	**vndg**	vermin	**vrmn**
vendor	**vndr'**	verminous	**vrmnwz**
veneer	**vnyr**	vernacular	**vrnaclr**
venerable	**vnrbl**	versatile	**vrztl**
venerate	**vnrht**	versatility	**vrztlty**
venerating	**vnrhtg**	verse	**vrz**
veneration	**vnrhzn**	versed	**vrzd**
Venetian	**Vnzn**	versing	**vrzg**
vengeance	**vnjnz**	version	**vrzn**
venom	**vnm**	versus	**vrss**
venomous	**vnmwz**	vertical	**vrtcl**
vent	**vnt**	very	**vry**
venting	**vntg**	vessel	**vsl**
ventilation	**vntlhzn**	vest	**vst**
ventilated	**vntlhtd**	vested	**vstd**
ventilating	**vntlhtg**	vestibule	**vstbwl**
ventilator	**vntlhtr**	vestige	**vstj**
venture	**vntur**	vesting	**vstg**

vestment	**vstmnt**	viewer	**vwr**
vesture	**vstur**	viewing	**vwng**
veteran	**vtrhn**	viewpoint	**vwpnt**
veterinary	**vtrnry**	vigil	**vjl**
vetted	**vtd**	vigilant	**vjlnt**
vetting	**vtg**	vigilance	**vjlnz**
vex	**vx**	vigour	**vgr**
vexation	**vxzn**	vigorous	**vgrwz**
vexed	**vxd**	vigorously	**vgrwzly**
vexing	**vxg**	vile	**vyl**
viable	**vybl**	villa	**vla**
viability	**vyblty**	village	**vlhj**
viaduct	**vyduct**	villager	**vlhjr**
vial	**vyl'**	villain	**vlhn**
vibe	**vyb**	villainous	**vlhnwz**
vibrant	**vbrnt**	villainy	**vlhny**
vibrate	**vbrht**	vindicate	**vndct**
vibrating	**vbrhtg**	vindicated	**vndctd**
vibration	**vbrhzn**	vindicating	**vndctg**
vicar	**vcr**	vindication	**vndczn**
vicarage	**vcrhj**	vindictive	**vndctv**
vicarious	**vcryz**	vindictively	**vndctvly**
vice	**vs**	vinegar	**vngr**
vice-chairman	**vschrmn**	vineyard	**vnyrd**
vice-president	**vsprsndt**	violate	**vylht**
vice-princiapl	**vsprnspl**	violating	**vylhtg**
viceroy	**vsroy**	violation	**vylhzn**
vice-versa	**vsvrza**	violence	**vylnz**
vicinity	**vznty**	violent	**vylnt**
vicious	**vshz**	violin	**vyln**
viciously	**vshzly**	violinist	**vylnst**
vicissitude	**vcstwd**	virtual	**vrtwl**
victim	**vctm**	virgin	**vrjn**
victimisation	**vctmzn**	virile	**vryl**
victimise	**vctmz**	virility	**vrlty**
victimised	**vctmzd**	virtual	**vrtwl**
victimising	**vctmzg**	virtue	**vrtw**
victor	**vctr**	virtuosity	**vrtwzty**
victorious	**vctryz**	virtuous	**vrtwz**
victory	**vctry**	virulence	**vrwlnz**
vie	**vy**	visa	**vza**
view	**vw**	visage	**vzj**
viewed	**vwd**	viscous	**vzcwz**

visibility	vzblty	voicing	vzg
visible	vzbl	void	vd
vision	vzn	volatile	volhtl
visionary	vznry	volcano	volcno
visit	vzt	volcanic	volcnc
visitation	vztzn	volley	voly
visited	vztd	voltage	voltj
visiting	vztg	volubility	volblty
visitor	vztr	volume	volwm
visual	vzwl	voluminous	volwmnz
visualisation	vzwlzn	voluntarily	volntrly
visualise	vzwlz	voluntary	volntry
visualising	vzwlzg	volunteer	volntyr
vital	vtl	volunteering	volntrng
vitality	vtlty	voracious	vorshz
vitalise	vtlz	voracity	vorzty
vitalising	vtlzg	vote	vot
vitalisation	vtlzn	voted	votd
vitally	vtly	voter	votr
vitamin	vtmn	voting	votg
vitiate	vtyt	vouch	vwch
vitiated	vtytd	voucher	vwchr
vitiation	vtyzn	vouching	vwchg
vitriolic	vtrolc	vouchsafe	vwchsf
vituperate	vtwprht	vouchsafed	vwchsfd
vituperation	vtwprhzn	vouchsafing	vwchsfg
vituperous	vtwprz	vowed	vowd
vivacious	vvshz	vowel	vowl
vivacity	vvzty	vowing	vowng
vivid	vvd	voyage	vyj
vividly	vvdly	voyager	vyjr
vivisection	vvscn	vulcanite	vulcnyt
vocabulary	vocblry	vulcanise	vulcnz
vocal	vocl	vulcanising	vulcnzg
vocalist	voclst	vulcanisation	vulcnzn
vocalisation	voclzn	vulgar	vulgr
vocalising	voclzg	vulgarity	vulgrty
vocation	voczn	vulnerability	vulnrblty
vocational	vocznl	vulnerable	vulnrbl
vociferate	vzfrht	vying	vyg
vociferous	vzfrwz		
vogue	vog		
voice	vz		

Ww

wadding	wadg	wanted	wntd
wade	whd	wanting	wntg
waded	whdd	warden	wrdn
wading	whdg	warder	wrdr
wafer	whfr	wardrobe	wrdrb
waffle	wafl	warehouse	whrhwz
wage	whj	warehousing	whrhwzg
waging	whjg	ware	whr'
wage-earner	whjernr	warfare	warfhr
wage-freeze	whjfrz	warmhearted	wrmhrtd
wagon	wagn	warmest	wrmst
waist	whst	warming	wrmg
waistcoat	whstct	warmth	wrmth
wait	wt	warning	warng
waiter	whtr	warrant	wrhnt
waited	wtd	warranted	wrhntd
waiting	wtg	warranty	wrhnty
waiting list	wtglst	warrior	waryr
waiting room	wtgrm	warship	warshp
waitress	whtrz	was	ws
waive	whv	was	wz
waiver	whvr	washing	washg
waiving	whvg	washable	washbl
wake	whk	washout	washot
waken	whkn	waste	wast
wakeful	whkfl	wasted	wastd
wakefulness	whkflnz	wasting	wastg
wakening	whkng	wasteful	whstfl
walk	wlk	watch	wach
walking	wlkg	watching	wachg
walkingstick	wlkgstk	watchful	wachfl
walkout	wlkot	water	wtr
walkover	wlkovr	waterfall	wtrfal
wall	wal	waterfront	wtrfrnt
wallet	whlt	watermark	wtrmrk
wallow	walw	waterproof	wtrprwf
wallowing	walwng	watershed	wtrshd
wallpaper	walpapr	waterside	wtrsd
wander	wandr	watertight	wtrtyt
want	wnt	wave	wav
		waved	wavd
		waver	wavr
		waving	wavg

wavelength	**wavlnth**	welded	**weldd**
way	**wy**	welding	**weldg**
wayfaring	**wyfhrng**	welfare	**welfhr**
wayfarer	**wyfrhr**	well	**wel**
wayside	**wysd**	wellknown	**welknwn**
we	**w**	wellmeaning	**welmng**
weak	**wk'**	went	**wnt**
weaken	**wkn**	were	**wr**
weaker	**wkr**	west	**wst**
weakening	**wkng**	westerly	**wstrly**
weakness	**wknz**	western	**wstrn**
wealth	**wlth**	westward	**wstwrd**
wealthier	**wlthyr**	wharf	**whf**
wealthiest	**wlthyst**	wharfage	**whfj**
wealthy	**wlthy**	what	**wht**
weapon	**wpn**	whatever	**whtevr**
wear	**wr'**	whatsoever	**whtsovr**
wear	**wrh**	wheat	**wt'**
wearable	**wrbl**	wheel	**whl**
wearer	**wrhr**	weelbarrow	**whlbarw**
wearing	**wrng'**	wheelchair	**whlchr**
weary	**wry**	wheeling	**whlg**
weather	**wethr**	wheeler-dealer	**whlrdlr**
weatherproof	**wethrprwf**	when	**whn**
weave	**wv**	whence	**whnz**
weaver	**wvr**	whenever	**whnvr**
weaving	**wvg**	whensoever	**whnsovr**
wedding	**wedg**	where	**whr**
wedge	**wej**	whereabouts	**whrabwts**
wedged	**wejd**	whereas	**whras**
wedging	**wejg**	whereat	**whrat**
Wednesday	**Wnsdy**	whereby	**whrby**
week	**wk**	wherefore	**whrfr**
weekday	**wkdy**	wherein	**whrn**
weekend	**wknd**	whereinsoever	**whrnsovr**
weekly	**wkly**	whereof	**whrv**
weep	**wp**	whereon	**whron**
weigh	**wgh**	wheresoever	**whrsovr**
weighed	**wghd**	whereto	**whrto**
weighing	**wghg**	whereupon	**whrupn**
weight	**wght**	wherever	**whrvr**
welcome	**wlcm**	wherewithal	**whrwthal**
welcoming	**wlcmg**	whether	**wthr**

which	wch	willing	wlg
whichever	wchvr	willingly	wlgly
while	wyl	wind	wnd
whilst	wylst	winding	wyndg
whip	wip	window	wndw
whipping	wipg	window-dressing	wndwdrzg
whirlwind	wrlwnd	windscreen	wndscrn
whirlpool	wrlpwl	wine	wyn
whisky	wsky	winecellar	wynzlr
whisper	wspr	wineglass	wynglz
whispering	wsprng	winner	wnr
whistle	wzl	winning	wn'g
whistling	wzlg	winsome	wnsm
white	wyt	winter	wntr
whither	wthr'	wipe	wyp
whittle	witl	wiping	wypg
whittling	witlg	wiper	wypr
whoever	whwvr	wire	wyr
whole	whol	wireless	wyrls
wholehearted	wholhrtd	wisdom	wzdm
wholeheartedly	wholhrtdly	wise	wyz
wholesale	wholzl	wiser	wyzr
wholesaler	wholzlr	wisely	wyzly
wholesaling	wholzlg	wish	wsh
wholesome	wholsm	wishing	wshg
wholly	wholy	with	wth
whom	whm	withdraw	wthdrw
whose	whz	withdrawal	wthdrwl
whosoever	whwsovr	withdrawing	wthdrwng
wicket	wkt	withdrawn	wthdrwn
wicked	wkd	withdrew	wthdrew
wickedness	wkdnz	withheld	wthld
wide	wyd	withhold	withold
widen	wydn	withholding	wtholdg
widening	wydng	within	wthn
wider	wydr	without	wthot
widespread	wydspred	withstand	wthstnd
widow	wdw	withstanding	wthstndg
widower	wdwr	withstood	wthstwd
wife	wyf	witness	wtnz
will	wl	witnessing	wtnzg
wilful	wlfl	witticism	wtzsm
wilfully	wlfuly	witty	wty

wizard	**wzrd**	worth	**wrth**
woman	**wmn**	worthy	**wrthy**
womanhood	**wmnhwd**	worthier	**wrthyr**
women	**wmn'**	worthiest	**wrthyst**
wonder	**wndr**	worthless	**wrthls**
wondered	**wndrd**	worthlessness	**wrthlsnz**
wonderful	**wndrfl**	worthy	**wrthy**
wonderfully	**wndrfuly**	would	**wd**
wondering	**wndrng**	wrapper	**wrapr**
wondrous	**wndrwz**	wrapped	**wrapd**
wood	**wd'**	wrapping	**wrapg**
wooden	**wdn**	wrecking	**rekg**
woodwork	**wdwrk**	wreckage	**rekj**
woodworker	**wdwrkr**	wrench	**rnch**
wool	**wl'**	wrenching	**rnchg**
woollen	**wln**	wrest	**rst'**
word	**wrd**	wresting	**rstg'**
worded	**wrdd**	wrist	**rst'**
wording	**wrdg**	wristwatch	**rstwach**
word-processor	**wrdprozsr**	writer	**wrtr**
work	**wrk**	writing	**wrtg**
workable	**wrkbl**	write-down	**wrtdwn**
worker	**wrkr**	writhe	**ryth**
workforce	**wrkfz**	written	**wrtn**
working	**wrkg**	write-off	**wrtov**
workless	**wrkls**	write-up	**wrtup**
workman	**wrkmn**	wrong	**rong**
workmanship	**wrkmnshp**	wrongful	**rongfl**
workmen	**wrkmn'**	wrongfully	**rongfuly**
world	**wrld**	wrote	**wrot**
worldly	**wrldly**	wrought	**rawt**
worldwide	**wrldwyd**		
worried	**woryd**		
worry	**wory**		
worrying	**woryg**		
worse	**wrs**	yachting	**yhtg**
worsen	**wrsn**	yachtsman	**yhtsmn**
worsening	**wrsng**	yard	**yrd**
worship	**wrshp**	yardage	**yrdg**
worshipping	**wrshpg**	year	**yr**
worshipper	**wrshpr**	yearbook	**yrbwk**
worst	**wrst**	yearly	**yrly**
worsted	**wrstd**	yearn	**yrn**

yearning	**yrng**
yeast	**yst**
yellow	**ylw**
yes	**ys**
yesterday	**ystrdy**
yet	**yt**
yew	**yw**
yield	**yld**
yielded	**yldd**
yielding	**yldg**
yoghourt	**yoghrt**
you	**u**
young	**yng**
younger	**yngr**
youngest	**yngst**
younger	**yngr**
youngster	**yngstr**
your	**y**
yourself	**yslf**
yourselves	**yslvs**
youth	**ywth**
youthful	**ywthfl**
youthfulness	**ywthflnz**
Yuletide	**Ywltyd**

Zz

zeal	**zl'**
zealot	**zlot**
zealous	**zlwz**
zebra	**zbra**
zenith	**znth**
zinc	**znc**
zip	**zp**
zipfastener	**zpfznr**
zodiac	**zodyc**
zone	**zon**
zonal	**zonl**
zoogeographer	**zwjygrfr**
zoological	**zwljcl**
zoologist	**zwljst**
zoology	**zwljy**

APPENDIX 1
COUNTRIES, CITIES & TOWNS

Afghanistan	**Afgnstn**
Argentine/Argentina/Argentinian	**Arjntn/Arjntna/Arjtnyn**
Australia/Australian	**Awstrla/Awstrlyn**
Bangladesh	**Bngldsh**
Belgium	**Bljm**
Bolivia	**Bolva**
Canada/Canadian	**Cnda/Cndyn**
Colombia	**Clomba/Clombyn**
Costa Rica	**CostRca**
Czechoslovakia	**Chkslovka**
Denmark	**Dnmrk**
Dominican Republic	**DomncnRpblc**
Ecuador	**Ecwdr**
England	**Nglnd**
Ethiopia	**Ethypa**
Finland	**Fnlnd**
France	**Frnz**
Germany/German	**Jrmny/Jrmn**
Greece/Grecian	**Grs/Grsn**
Greenland	**Grnlnd**
Guatemala	**Gwtmla**
Haiti	**Hyti**
Holland	**Holnd**
Hong Kong	**Hngkng**
Iceland	**Izlnd**
Indonesia	**Ndonza**
Israel	**Izrl**
Jamaica	**Jmca**
Japan/Japanese	**Jpn/Jpnz**
Kuwait	**Kwt**
Lebanon	**Lbnon**
Liberia	**Lbra**
Luxembourg	**Luxmbg**
Malawi	**Mlwi**
Malaysia	**Mlhza**
Mauritius	**Mwrshz**
Mexico	**Mxco**
Mongolia	**Mongla**
Morocco	**Mroc**
Mozambique	**Mozmbq**
Namibia	**Nmba**
Netherlands	**Nthrlnds**
New Zealand	**NwZlnd**
Nicaragua	**Ncraga**
Nigeria/Nigerian	**Njra/Njryn**
Norway/Norwegian	**Norwy/Norwjn**
Pakistan	**Pkstn**
Panama	**Pnma**
Paraguay	**Prhgy**
Philippines	**Flpns**
Portugal	**Portgl**
Romania	**Romna**
Russia/Russian	**Rusha/Rushn**
Saudi Arabia	**Zwdi**
Sierra Leone	**SrLwn**
Singapore	**Sngpor**
South Africa	**SAfrca**
Sweden/Swedish	**Swdn/Swdsh**
Switzerland/Swiss	**Swzrlnd/Swz**
Taiwan	**Tywn**
Tanzania	**Tnzna**
Tasmania	**Tzmna**
Thailand	**Tylnd**
Trinidad	**Trndd**
Tunisia	**Twnza**
Turkey	**Trky**
Uganda	**Ugnda**

United Kingdom	**UnytdKngdm**	London	**Lndn**
United Kingdom	**U.K.**	Manchester	**Mnchstr**
United States	**UnytdStats**	Newcastle-upon-Tyne	**NwcslupnTyn**
United States	**U.S.**	Northampton	**Nthmptn**
Uruguay	**Urgwy**	Nottingham	**Notgm**
Venezuela	**Vnzwla**	Plymouth	**Plymwth**
Vietnam	**Vtnm**	Portsmouth	**Portsmwth**
Yugoslavia	**Ywgslva**	Scarborough	**Scarbro**
		Sheffield	**Shfld**
Zaire	**Zyr**	Shrewsbury	**Shrwsbry**
Zambia	**Zmba**	Southampton	**Sthmptn**
Zimbabwe	**Zmbbw**	Stranraer	**Strnrhr**

TOWNS AND CITIES

AUSTRALIA

Aberdeen	**Abrdn**	Adelaide	**Adlhd**
Aberystwyth	**Abrstwth**	Canberra	**Cnbra**
		Melbourne	**Mlbwn**
Birmingham	**Brmgm**	Sydney	**Sdny**
Blackpool	**Blkpwl**	Wollongong	**Wolngng**
Bournemouth	**Bornmth**		
Brighton	**Brytn**		

CANADA

Cambridge	**Cmbrij**	Calgary	**Clgry**
Canterbury	**Cntrbry**	Edmonton	**Edmntn**
Cardiff	**Crdf**	Halifax	**Halfx**
Carlisle	**Crlyl**	Montreal	**Mntryl**
Coventry	**Cvntry**	Quebec	**Qbc**
		Vancouver	**Vncwvr**
Darlington	**Drlgtn**	Winnipeg	**Wnpg**
Dover	**Dovr**		

NEW ZEALAND

Edinburgh	**Ednbro**	Auckland	**Awklnd**
Fishguard	**Fshgrd**	Christchurch	**Crstchrch**
		Dunedin	**Dundn**
Glasgow	**Glzgw**	Hamilton	**Hmltn**
Gloucester	**Glostr**	Queenstown	**Qnstwn**
Holyhead	**Holyhd**	Wanganui	**Wngnw**
		Wellington	**Wlngtn**
Inverness	**Nvrnz**		

U.S.A.

Lancaster	**Lncstr**	Boston	**Bostn**
Leeds	**Lds**	Chicago	**Chcgo**
Leicester	**Lstr**	Cincinnati	**Znznati**
Lincoln	**Lncn**	Detroit	**Dtrwt**
Liverpool	**Lvrpwl**	Los Angeles	**LzAnjls**

Minneapolis	**Mnyplz**
San Francisco	**SnFrnssco**
Washington	**Wshgtn**

EUROPEAN CAPITALS

Athens	**Athns**
Berlin	**Brln**
Copenhagen	**Copnhgn**
Helsinki	**Hlsnki**
Lisbon	**Lsbn**
Moscow	**Mscw**
Stockholm	**Stokhlm**
Vienna	**Vyna**
Warsaw	**Wrsw**

COUNTRIES, CITIES & TOWNS

For speed purposes, the following contractions can be applied to countries, cities and towns.

Where a word commences with a vowel - retain the vowel and the following first two consonants; where there is no commencing vowel, retain the first 3 consonants followed by a slash '/' or an apostrophe ' ' '

For e.g.

America	=	**amr/** or **amr'**
Australia	=	**aus/** or **aus'**
Denmark	=	**dnm/** or **dnm'**
Canada	=	**cnd/** or **cnd'**
Czechoslovakia	=	**cch/** or **cch'**
Leichtenstein	=	**lch/** or **lch'**

Terminations

burgh/borough	=	**bro** or **b'**
chester	=	**'chstr'** or **ch'**
mouth	=	**'mth'** or **m'**
caster	=	**c'**
cester	=	**s'**

Edinburgh	=	**Ednbro** or **Ednb'**
Loughborough	=	**Lbro'**
Winchester	=	**Wnch'**,
Manchester	=	**Mnch'**
Bournemouth	=	**Bnm'**
Dartmouth	=	**Dtm'**,
Portsmouth	=	**Ptsm'**
Cirencester	=	**Crns'**
Doncaster	=	**Dnc'**,
Lancaster	=	**Lnc'**

APPENDIX 2

DAYS OF THE WEEK

Monday	**Mndy**
Tuesday	**Twsdy**
Wednesday	**Wnsdy**
Thursday	**Thrsdy**
Friday	**Frdy**
Saturday	**Stdy**
Sunday	**Sndy**

MONTHS OF THE YEAR

January	**Jnwry**
February	**Fbrwry**
March	**Mrch**
April	**Aprl**
May	**My**
June	**Jun**
July	**Jly**
August	**Awgst**
September	**Sptmbr**
October	**Octbr**
November	**Nvmbr**
December	**Dzmbr**

APPENDIX 3
UNABBREVIATED
ONE-SYLLABLE WORDS

Aa

a	any
ably	apt
abrupt	aptly
absorb	Arab
abut	arc
act	arch
adopt	arm
adult	army
ago	art
agony	as
also	ash
am	ask
amid	at
amok	ate
an	awl

Bb

baby	bit
bad	blank
bag	blast
bald	bled
ban	blind/blynd
band	body
bang	bold
bar	bolt
bark	bond
barn	born
bat	boy
bath	brag
bay	branch
bed	brand
beg	brawl
belt	brawn
bet	bred
bid	brim
bind/bynd	brush

bulb
bulk
bump
bun
bunk

cab
calm
cap
car
card
cart
cast
cat
cent
chalk
chap
chat
chef
chop
clad
clap
clash
claw
clay
clash
clot
cloth

dad
dam
darn
dart
dim
dip
do
dog

bury
bus
bush
bust

Cc

club
clung
cod
cog
cold
cog
cold
colt
cord
corn
corp
cot
craft
cramp
crash
crept
crust
cry
cup
curt
cut

Dd

dot
drag
dram
draw
drawn
dray
drip
drop

Appendix 3

dry	drop	glow	grin
drum	dump	glut	grip
drunk	dust	go	grit
dug	dwarf	gold	grow
duly/dwly	dwelt	golf	gulf
		gong	gulp
		got	gum
		grab	gun
		grand	gush
elm	espy	grasp	gust
end	etch	grim	gut
era			

Ee

Ff

Gg

Hh

Ii

Jj

		hag	hold
		halt	holy
fad	flung	ham	hop
fag	flush	hard	host
fan	flux	hardly	hot
far	fly	harm	hub
farm	fob	hash	hum
fast	fold	hasty	hung
fat	fond	hat	hunt
fed	fork	help	hush
felt	fort	hid	hut
fig	forty	hit	
fit	fox		
flag	frank		
flan	fray		
flank	fret		
flap	frost		
flat	fry	I	iota
flog	fun	if	it
flop	fund	ink	its
flow	fur	iron	ivory
flown	fury/fwry	irony	ivy

gag	gay	jam	job
gang	glad	jar	jog
gas	glib	jaw	jolt

jot
jug
July/Jwly

jump
junk
jut

Kk

keg
kid
kilt

kit
knit
knot

Ll

lad
lag
lamp
land
lap
last
law
lax
lay
lazy
led
leg

levy
lid
lift
lily
lit
log
lord
lost
lot
lump
lunch
lung

Mm

mad
man
manly
map
mar
mart
mash
mask
mast
mat

met
mid
mild/myld
mind/mynd
mop
morn
mud
my
Mr.
Mrs.

nap
nasty
net
nib
nil

nip
no
nor
nun
nut

Nn

old
on
only
onto

or
own
ox

Oo

pact
pal
palm
pan
par
park
past
pastry
pat
paw
pit
pity
plan
plant
play

plot
plug
plus
ply
pond
pop
port
pot
pray
prompt
prop
pry
pup
put/pwt

Pp

raft
rag
ramp
ran

ranch
rang
rank
rap

Rr

rapt	rob	spark	strand
rat	rod	sped	strap
raw	rot	spelt	stray
ray	rub	splash	straw
red	ruby/rwby	split	strong
rib	rug	sport	strung
rich	rump	spot	study
rid	run	spun	stung
rift	rung	spy	sum
rig	rush	stab	sun
rim	rust	stamp	sung
rip	rut	stand	sunk
		star	swamp
		stark	swarm

Ss

		stay	sway
		stet	swept
sad	slam	stop	swift
salt	slang	story	swop
sap	slant	stow	sworn
sat	slap		
scald	slash		
scalp	slept	## Tt	
scamp	slip		
scan	slit	tab	tidy/tydy
scant	slot	tag	tip
scar	slum	talc	told
scarf	slump	tan	ton
scrap	slung	tank	top
script	sly	tap	torn
scum	soft	tar	tow
sham	sold	tart	toy
sharp	smart	than	tramp
shift	snap	thaw	trap
shop	snob	theft	trod
short	snub	thrift	trot
shot	so	throb	trust
sip	sob	throng	truth/trwth
sit	soft	thrust	try
ski	sold	throw	tub
skip	son	thud	tug
sky	song	thus	twin
slay	sort		
slab	span		

Uu

ugly	up
ultra	us

Vv

van	verb
vary	vet
vast	vow
vat	

Ww

wad	wept
waft	wet
wan	who
want	whom
war	why
ward	wig
warm	wit
warn	wolf
warp	won
wary	wont
wash	worn
web	wrap
wed	wrong
weld	

All the above examples constitute **ROOT WORDS.**

The form of the root word does not change with the application of prefixes, past-tenses, or, suffixes and/or terminations:

Examples:

bat = **bat**
batted = **batd**
batting = **batg**
combat = **cmbat,**
combatted = **cmbatd**
combatting = **cmbatg**
('**com = cm**', '**ing = g**')

cut = **cut**
cutter = **cutr**
cutting = **cutg**

stop = **stop**
stopped = **stopd**
stopper = **stopr**
stopping = **stopg**

Refer to the chapter
*'**The Vowels in One-Syllable Words**'*
*in the '**AgiliWriting**'*
teach-yourself handbook.

APPENDIX 4
ABBREVIATED ONE-SYLLABLE WORDS

1) Words having an **Identical shorthand abbreviation** are followed by an **apostrophe** and the word(s) having the **same abbreviation.**

2) **'Shorts'.**
   Words in this category contain consonants only.

a

ache	**ak**	
add	**ad**	
aid	**ad'**	(add)
ail	**al'**	(all)
all	**al**	(ail)
aim	**am'**	(am)
am	**am**	
air	**ar**	
and	**nd**	('Short')
any	**ny**	('Short')
are	**r**	('Short')
ate	**at'**	(at)
aught	**owt**	
awe	**aw**	
axe	**ax**	

b

back	**bk**	('Short') (beak)
bade	**bhd**	
badge	**baj**	
bail	**bhl**	
bait	**bht**	
bake	**bhk**	
bale	**bhl**	
ball	**bal**	
bank	**bnk**	('Short')
bare	**bhr'**	(bear)
barge	**barj**	
base	**bz**	
bathe	**bhth**	
baulk	**bwlk**	
be	**b**	('Short')
beach	**bch**	
bead	**bd**	
beak	**bk'**	(back)
beam	**bm**	
bean	**bn'**	(been)
bear	**bhr'**	(bare)
bear	**brh**	(**'Agilityping'**)
beard	**brd'**	(breed)
beast	**bst'**	(best)
beat	**bt'**	(but)
beef	**bf**	
been	**bn**	(bean, been, bin)
beer	**br**	
beige	**bhj**	
bell	**bel**	
bench	**bnch**	
bend	**bnd**	
bent	**bnt**	
best	**bst**	(beast)
big	**bg**	('Short')
bill	**bl**	('Short')
birch	**brch'**	(breach)
birth	**brth**	
black	**blak**	
black	**blk'**	(bleak)
blade	**blad**	
blame	**blam**	
blaze	**blaz**	
bleach	**blch**	
bleak	**blk'**	(black)
blend	**blnd**	
bless	**blz**	
blew	**blw'**	(below)
blight	**blyt**	
bliss	**blz'**	(bless)
blythe	**blyth**	
block	**blok**	

Abbreviated One-Syllable Words

blood	**blwd**		
bloom	**blwm**		
board	**brd'**	('Short') (breed)	
boast	**bwst**		
boat	**bwt'**	(boot, bout)	
body	**bdy**	('Short')	
boil	**bwl**	(bowl)	
bomb	**bom**		
bone	**bon**		
book	**bwk**		
boom	**bwm**		
boost	**bwst'**	(boast)	
boot	**bwt'**	(bout)	
booth	**bwth**		
bore	**bor**		
boss	**boz**		
both	**bth**	('Short')	
bough	**bw**	(bow, buoy)	
bounce	**bwnz**		
bound	**bwnd**		
bout	**bwt'**	(boot, boat)	
bow	**bw'**	(bough, buoy)	
bowl	**bwl**	(boil, bowel)	
box	**bx**	('Short')	
brace	**braz**		
braid	**brhd**		
brain	**brhn**		
brake	**brak**		
branch	**brnch**	('Short')	
brass	**braz**		
brave	**brav**		
breach	**brych**		
bread	**bred'**	(bred)	
breadth	**brdth**		
break	**brk**	('Short')	
breast	**brest**		
breathe	**bryth**		
breath	**breth**		
breed	**brd'**	(board)	
breeze	**brz**		
brew	**brw**		
bribe	**bryb**		
brick	**brc**		
bride	**bryd**		
brief	**brf**		
bright	**bryt**		
bring	**brng**		
brink	**brnk**		
brisk	**brsk**		
broach	**brwch**	(brooch)	
broad	**brwd**		
broke	**brok**		
brooch	**brwch'**	(broach)	
brute	**brwt**		
build	**bld**	('Short') (billed)	
built	**blt**	('Short')	
bulge	**bulj**		
burn	**brn**		
burst	**brst**	(breast)	
buy	**by'**	(by)	
by	**bi**		

C

cable	**cbl**	('Short')	
cafe	**caf**		
cage	**caj**		
call	**cl**	('Short')	
came	**cam**		
can	**cn**	('Short')	
cane	**can**	(can)	
cape	**cap**	(cap)	
card	**crd**	('Short')	
care	**cr**	('Short')	
cash	**csh**	('Short')	
caught	**cawt**		
cause	**cz**	('Short')	
cave	**cav**		
cease	**zys**		
cell	**zel**		
cent	**znt**		
chain	**chn**	('Short')	
chair	**chr**	('Short')	
chance	**chnz**	('Short')	
change	**chnj**	('Short')	
charge	**chrj**	('Short')	

chase	**chaz**		coal	**col**		
cheap	**chp**		cool	**cwl**		
cheat	**cht**		cope	**cop**		
check	**chk**	('Short')	core	**cor**		
cheer	**chr'**	(chair)	cost	**cst**	('Short')	
cheque	**chq**	('Short')	couch	**cwch**		
chest	**chst**		could	**cd**	('Short')	
chief	**chf**		count	**cwnt**		
child	**chld**	('Short')	court	**cort**		
choice	**chwz**		course	**crz**	('Short')	
choose	**chws**		crack	**crak**		
chose	**chos**		crate	**crat**		
chrome	**crom**		crave	**crav**		
church	**chrch**		craze	**craz**		
chute	**chwt**		crease	**crs**		
cite	**zyt**		creed	**crd**		
claim	**clm**	('Short')	creep	**crp**		
class	**clz**	('Short')	cried	**cryd**		
clause	**clwz**		crime	**crym**		
clean	**cln**		crook	**crwk**		
cleanse	**clnz**		cross	**croz**		
clear	**clr**	(caller)	crowd	**crwd**		
clerk	**clrk**		crown	**crwn**		
climb	**clym**		crude	**crwd**		
cling	**clng**		cruise	**crwz**		
cloak	**clwk**		cube	**cwb**		
clock	**clok**		cue	**cw**		
close	**cloz**		curb	**crb**		
clothe	**clwth**		cure	**cwr**		
clown	**clwn**		curl	**crl**		
clue	**clw**		curve	**crv**		
coal	**cwl**	(cool)				
coarse	**cors**					
coast	**cwst**					
coat	**ct**	('Short')				
coax	**cwx**	('Short')	dame	**dhm**		
code	**cwd**		dance	**dnz**	(dense)	
code	**cod**		date	**dt**	('Short')	
coil	**cwl**	(cool)	daunt	**dwnt**		
coin	**cwn**		day	**dy**	('Short')	
comb	**com**		daze	**dhz**		
come	**cm**	('Short')	dead	**ded**		
cook	**cwk**		deaf	**def**		

d

Abbreviated One-Syllable Words

deal	**dl**		dull	**dul**		
dear	**d**	('Short')	dupe	**dwp**		
death	**deth**					
debt	**det**		# e			
deed	**dd**					
deed	**ddh**	('Agilityping')	each	**ech**		
deem	**dm**		earth	**erth**		
deep	**dp**		ease	**ez**		
deign	**dhn**		east	**est**		
deck	**dek**		eat	**et**		
dense	**dnz**		ebb	**eb**		
dent	**dnt**		edge	**ej**		
desk	**dsk**		egg	**eg**		
did	**dd**		either	**ethr**		
die	**dy'**	(day)	else	**elz**		
died	**dyd**		eve	**ev**		
dine	**dyn**		eye	**ey**		
dire	**dyr**					
dirt	**drt**		# f			
disc	**dsc**					
dive	**dyv**					
done	**dn**	('Short')	face	**fs**	('Short')	
doom	**dwm**		fact	**fct**	('Short')	
door	**dor**		fail	**fhl**		
doubt	**dwt**		faint	**fhnt**		
dough	**do'**	(do)	fair	**fhr'**	(fare)	
down	**dwn**	('Short')	faith	**fhth**		
draft	**drft**	('Short')	fake	**fhk**		
drain	**drhn**		fall	**fal**		
dread	**dred**		false	**falz**		
dream	**drm**		fame	**fhm**		
dredge	**drej**		fare	**fhr'**		
drench	**drnch**		fare	**fr**	('Short') (fear)	
dress	**drz**		fast	**fst**	('Short')	
dried	**dryd'**	(deride)	fate	**fht**		
drnk	**drnk**		fault	**fwlt**		
drive	**dryv**		favour	**fvr**	('Short')	
droop	**drwp**		fear	**fr'**	(fare)	
drought	**drowt**		feat	**ft'**	(feet)	
drown	**drwn**		fee	**fe**		
drudge	**druj**		fee	**fy**		
due	**dw**		feed	**fd'**	(food)	
duke	**dwk**					

feel	**fl'**	(fill)	frail	**fral**		
feet	**ft**		frame	**fram**		
feign	**fhn**		fraud	**frwd**		
feint'	**fhnt**	(faint)	fraught	**frawt**		
fell	**fel**		freak	**frk**		
fence	**fnz**		free	**fre**		
fend	**fnd'**	(find)	freeze	**frz**		
fetch	**fch**		freight	**frht**		
few	**fw**		French	**Frnch**		
fifth	**ffth**		fresh	**frsh**		
fight	**fyt**		fried	**fryd**		
file	**fyl**		friend	**frnd**		
fill	**fil**		from	**frm**	('Short')	
find	**fnd**	('Short')	front	**frnt**		
fine	**fyn**		fruit	**frwt**		
fire	**fyr**		full	**ful**		
first	**frst**		fuse	**fwz**		
fish	**fsh**					
five	**fyv**					
fix	**fx**			**g**		
flaunt	**flwnt**	(fluent)				
fleet	**flt**		gain	**ghn**		
flew	**flw**		gale	**ghl**		
flight	**flyt**		game	**gm**	('Short')	
fling	**flng**		gate	**ght**		
flood	**flwd**		gauge	**ghj**		
floor	**flr**	('Short')	gaunt	**gwnt**		
flour	**flwr'**	(flower)	gave	**gav**		
flout	**flwt**		gear	**gr**		
flue	**flw'**	(flew)	germ	**jrm**		
flute	**flwt**	(flout)	get	**gt**	('Short')	
foe	**fo**		ghost	**gwst**		
foil	**fwl'**	(fool, fuel, foul)	gibe	**jyb**		
foist	**fwst**		gift	**gft**		
food	**fwd**		girl	**grl**	('Short')	
fool	**fwl'**	(foil, fuel, foul)	give	**gv**		
foot	**fwt**		glass	**glz**		
foot	**ft'**	(feet)	glaze	**glaz**		
for	**f**		gleam	**glm**		
force	**fz**	('Short')	glide	**glyd**		
forge	**forj**		globe	**glwb**		
foul	**fwl'**	(foil, fool, fuel)	globe	**glob**		
found	**fwnd**		gloom	**glwm**		

Abbreviated One-Syllable Words

gloss	**gloz**			hail	**hal'**	(hall)
glove	**glov**			hair	**har**	
glue	**glw**			half	**hf**	('Short')
goad	**gwd**			hall	**hal'**	(hale)
goal	**gwl**			halve	**hlv**	('Short')
good	**gd**	('Short')		hand	**hnd**	('Short')
gone	**gn**	('Short')		hang	**hng**	('Short')
grade	**grad**			has	**hz**	('Short')
grain	**grhn**			hate	**hat'**	(hat)
grant	**grnt**	('Short')		haul	**hwl**	
grave	**grav**			haunt	**hwnt**	
graze	**graz**			have	**hv**	('Short')
grease	**grz**			he	**h**	('Short')
great	**grht**			head	**hed**	
greed	**grd**	(guard)		heal	**hl**	
Greek	**Grk**			health	**hlth**	('Short')
green	**grn**			heap	**hp'**	(hope)
greet	**grt**			hear	**hr**	(her, here)
grew	**grw**			hear	**hrh**	('Agilityping')
grief	**grf**			heard	**hrd**	
grieve	**grv**			heart	**hart**	
groan	**grwn**			heat	**ht**	
groom	**grwm**			heave	**hv'**	(have)
groove	**grwv**			hedge	**hej**	
gross	**groz**			heed	**hd**	
ground	**grwnd**			here	**hr**	(her, hear)
group	**grwp**			here	**hre**	('Agilityping')
growth	**grwth**			height	**hyt**	
grudge	**gruj**			height	**hght**	
guard	**grd'**	('Short') (greed)		heir	**hr'**	(her, hear, here)
guess	**gz**	('Short')		held	**hld**	
guest	**gst**			help	**hlp**	
guide	**gyd**			hence	**hnz**	
guild	**gld**			her	**hr** ('Short') (hear, here)	
guile	**gyl**			herb	**hrb**	
guilt	**glt**			hide	**hyd**	
guise	**gyz**			high	**hgh**	
guy	**gy**			hike	**hyk**	
				him	**hm**	('Short')
				hinge	**hnj**	
h				hint	**hnt**	
				hire	**hyr**	
had	**hd**	(heed)		his	**hs**	('Short')

hive	**hyv**			June	**Jun**	
hoard	**hord**			just	**jst**	('Short')
hoax	**hwx**					
hoist	**hwst**			# k		
hole	**hol**					
home	**hom**					
hood	**hwd**			keen	**kn**	
hook	**hwk**			keep	**kp**	
hoe	**hp**	('Short') (heap)		kept	**kpt**	('Short')
horse	**horz**			key	**ky**	
hose	**hoz**			kick	**kik**	
hound	**hwnd**			kill	**kl**	('Short') (keel)
hour	**hwr**			kin	**kn'**	(keen)
hour	**hwr**			kind	**knd**	('Short')
house	**hwz**			King	**Kng**	
how	**hw**	('Short')		kin	**kn'**	(keen)
hurt	**hrt**			kiss	**kz**	
hymn	**hym**			kite	**kyt**	
				knew	**knw**	
# i				knife	**nyf**	
				knock	**nok**	
ice	**iz**					
iced	**izd**			# l		
ill	**il**					
in	**n**	('Short')		lack	**lak**	
is	**s**	('Short')		laid	**lhd**	
				lain	**lhn**	
# j				lake	**lhk**	
				lane	**lan**	
jail	**jhl**			large	**lrj**	('Short')
jaunt	**jwnt**			last	**lzt**	('Short')
jeer	**jr**			late	**lht**	
jerk	**jrk**			laugh	**lawf**	
jest	**jst**			launch	**lwnch**	
Jew	**Jw**			lead	**ld**	
jibe	**jyb**			leaf	**lf**	
join	**jwn**			league	**lg**	
joint	**jwnt**			league	**lyg**	
joy	**jy**			leak	**lk'**	(like)
judge	**juj**			lean	**ln**	
juice	**jwz**			leant	**lnt'**	(lent)
June	**Jun**			leap	**lp**	

Abbreviated One-Syllable Words

leapt	**lept**		lounge	**lwnj**		
learn	**lrn**		love	**lov**		
learnt	**lrnt**		low	**lw**	('Short')	
lease	**lz**	('Short')	luck	**luk**		
least	**lst'**	(list)	lute	**lwt**	(lout)	
least	**lyst**					
leave	**lv**					
ledge	**lej**			**m**		
leek	**lk**	(like)				
left	**lft**	('Short')	made	**md**	('Short')	
lend	**lnd**		maid	**mhd**		
length	**lnth**		mail	**mhl**		
less	**ls**		maim	**mhm**		
let	**lt**		main	**mhn**		
levy	**lvy**		maize	**mhz**		
lie	**ly**		make	**mk**	('Short')	
lied	**lyd**		male	**mal**		
lieu	**lu**		march	**mrch**	('Short')	
life	**lyf**		mark	**mrk**	('Short')	
light	**lyt**		mate	**mht**		
like	**lk**	(leak)	maul	**mwl**		
lime	**lym**		may	**my**	(my = mi)	
line	**lyn**		me	**m**	('Short')	
link	**lnk**		meal	**ml**		
list	**lst**	(least)	mean	**mn**		
live	**lv'**	(leave)	meant	**mnt**		
live	**liv**		meet	**mt**		
load	**lwd**	(loud)	mere	**mr'**	(Mr, mere)	
loaf	**lwf**		merge	**mrj**		
loaf	**lof**		mess	**mz**	(must)	
loan	**lwn**		mid	**md'**	(made)	
loath	**loth**		might	**myt**		
loathe	**lwth**		mine	**myn**		
loave	**lwv**		mire	**myr**		
lock	**lok**		mirth	**mrth**		
lodge	**loj**		miss	**ms**		
lone	**lon**		mix	**mx**		
long	**lng**		moan	**mwn'**	(moon)	
look	**lwk**		moist	**mwst**		
loop	**lwp**		month	**mnth**	('Short')	
loose	**lws**		mood	**mwd**		
lose	**lwz**		moon	**mwn'**	(moan)	
loud	**lwd**	(load)	mould	**mwld**		

mound	**mwnd**					
mount	**mwnt**			**o**		
mourn	**mwrn**					
mouse	**mwz**		of	**v**		
mouth	**mwth**		off	**ov**		
move	**mv**	('Short')	oil	**ol**		
much	**mch**		once	**wnz**		
mule	**mwl**		one	**wn**		
my	**mi**		our	**ur**		
			out	**ot**		
	n		owe	**ow**		
			owned	**ownd**		
nail	**nhl**					
name	**nm**	('Short')		**p**		
naught	**nawt**					
near	**nr**		pace	**paz**		
neat	**nt'**	(not)	pack	**pk**	('Short')	
neck	**nek**		packed	**pkd**	('Short')	
need	**nd'**	(and)	paid	**pd**		
need	**nyd**		pail	**pal'**	(pall)	
nerve	**nrv**		pain	**pn**	('Short')	
nest	**nst**		paint	**pnt**	('Short')	
next	**nxt**		pair	**pr**		
nice	**nys**		pair	**pr**	(per)	
nerve	**nrv**		pale	**pal'**	(pall)	
nest	**nst'**	(instant)	pall	**pal**	(pale)	
new	**nw'**	(now)	pane	**pn'**	(pain)	
new	**nu**		part	**prt**	('Short')	
news	**nws**		pass	**ps**	('Short')	
next	**nxt**		pause	**pwz**		
neice	**nyz**		pave	**pav**		
night	**nyt**		pay	**py**		
nine	**nyn**		peace	**pz**		
noise	**nz**	('Short')	peach	**pch**		
none	**nn**	('Short')	peak	**pk'**	(pick)	
noon	**nwn**		pearl	**prl**		
noun	**nwn'**	(noon)	peel	**pl**		
not	**nt'**	(neat)	peep	**pp**		
note	**nte**		peer	**pr'**	(per, pair)	
now	**nw**		per	**pr**		
nude	**nwd**		perch	**prch**		
nurse	**nrz**		pence	**pnz**		

pent	**pnt'**	(paint)	prove	**prv**	('Short')
per	**pr'**	(pair)	pure	**pur**	
perch	**prch**	(preach)	pure	**pwr**	(power)
phrase	**fraz**		purge	**prj**	
pick	**pc**				
pie	**py'**	(pay)			
piece	**pc'**	(pick)			
pierce	**prz**	(prize)			

q

pile	**pyl**	
pipe	**pyp**	
place	**plaz**	quail	**qal**
plain	**plhn**	quaint	**qnt**
plane	**pln**	quake	**qak**
plaint	**plhnt**	quart	**qrt**
plant	**plnt**	quay	**qy**
plate	**plat**	queen	**qn**
please	**pls**	quest	**qst**
plied	**plyd**	queue	**qw**
plough	**plw**	quick	**qk**
plume	**plwm**	quiet	**qyt**
point	**pwnt**	quilt	**qlt**
poise	**pwz**	quip	**qp**
pole	**pol**	quire	**qyr**
pool	**pwl**	quit	**qt**
poor	**por**	quite	**qte**
pose	**poz**	quiz	**qz**
post	**pst** ('Short')		

r

pouch	**pwch**				
pounce	**pwnz**		race	**raz**	
pound	**pwnd**		rack	**rak**	
pour	**por'**	(poor)	rail	**rhl**	
praise	**praz**		rain	**rhn**	
praise	**prhz**		raise	**rhz**	
preach	**prych**		range	**rnj**	
priest	**prst**		rare	**rhr**	
press	**prs**		rate	**rht**	
price	**prc** ('Short')		rave	**rav**	
prime	**prym**		reach	**rch**	
prince	**prnz**		read	**rd**	(road)
print	**prnt**		reap	**rp**	
prize	**prz**		rear	**ryr**	
proof	**prwf**		reign	**rn**	('Short')
proud	**prwd**		rent	**rnt**	

rest	**rst**		sale	**zl'**	(sail)
rhyme	**rym**		same	**zam**	
ride	**ryd**		same	**zm**	(seem)
rife	**ryf**		sane	**san**	
right	**ryt**		sauce	**zwz**	
rile	**ryl**		save	**sv**	('Short')
ring	**rng**		saw	**zw**	
rink	**rnk**		say	**sy**	('Short')
rinse	**rnz**		scale	**scal**	
rise	**rz**	('Short')	scarce	**scz**	
risk	**rsk**		scene	**zyn**	
rite	**ryt'**	(right)	scene	**zn'**	(seen)
roam	**rwm**		scent	**znt**	
roast	**rost**		scheme	**scm**	
roast	**rost**	(roost)	school	**scl**	('Short')
roost	**rwst**		school	**scwl**	
robe	**rwb**		scoop	**scwp**	
rock	**rok**		scope	**scop**	
rode	**rwd**	(rude)	score	**scor**	
rode	**rod**	(rod)	scout	**scwt**	(scoot)
roll	**rol**		scrape	**scrap'**	(scrap)
roof	**rwf**		scream	**scrm**	
room	**rm**	('Short')	screen	**scrn**	
rose	**ros**		screw	**scrw**	
rough	**ruf**		sea	**z'**	(see)
round	**rwnd**	(ruined)	seat	**st**	('Short')
rouse	**rwz**		see	**z**	(sea)
route	**rwt**		seek	**zk**	
row	**rw**	('Short')	seem	**zm**	
rude	**rwd**		seen	**zn**	
rue	**ru**	(row)	seize	**zyz**	
rule	**rwl**		self	**slf**	('Short')
ruse	**rws**		self	**s'**	
			send	**snd**	
			sense	**znz**	
S			sent	**snt**	
			serve	**srv**	
sack	**sc**		set	**zt**	('Short')
safe	**sf**		sew	**sw**	
said	**zd**		sex	**sx**	
sail	**zl'**	(sale)	shake	**shak**	
saint	**znt**		shall	**shl**	('Short')
sake	**zak**		shame	**shm**	('Short')

Abbreviated One-Syllable Words

share	**shr**			sleeve	**slv**	
shave	**shav**			slide	**slyd**	
she	**sh**	('Short')		slight	**slyt**	
sheer	**shr'**	(share)		slow	**slw**	('Short')
sheathe	**shyth**			small	**sml**	('Short')
sheath	**shth**			smoke	**smok**	
shelf	**shlf**			smudge	**smuj**	
shelve	**shlv**			soil	**zwl**	
shield	**shld**			sole	**sol**	
shine	**shyn**			solve	**solv**	
ship	**shp**	('Short') (sheep)		some	**sm**	('Short')
shirk	**shrk**			soon	**sn**	('Short')
shirt	**shrt**			soothe	**zwth**	
shoal	**shwl**			sought	**sawt**	
shock	**shok**			sound	**zwnd**	
shoe	**zhw**			soup	**zwp**	
shook	**shwk**			sour	**zwr**	
shoot	**shwt**			source	**sorz**	
should	**shd**	('Short')		south	**sth**	
show	**shw**	('Short')		speak	**spk**	
shrink	**shrnk**			speed	**spd**	
shroud	**shrwd**			speech	**spch**	
sick	**sik**			spell	**spel**	
side	**sd**	('Short')		spend	**spnd**	
seige	**sj**			spent	**spnt**	
sieve	**zv**			spire	**spyr**	
sight	**syt**			spite	**spyt**	
sight	**sght**			spoil	**spwl**	
sign	**syn**			square	**sqar**	
sign	**sgn**			squeeze	**sqz**	
silk	**zlk**			staff	**stf**	('Short')
silk	**slk**			stain	**stn**	
since	**snz**	('Short')		stair	**str**	
sing	**sng**			start	**strt**	
sink	**snk**			starve	**starv**	
sir	**sr**			state	**stat**	
six	**sx**			steal	**stl'**	(still)
size	**sz**	('Short')		steel	**stl'**	(steal, still)
sketch	**skch**			steam	**stm**	(stem)
skirt	**skrt**			stem	**stm'**	(steam)
slain	**slan**			step	**stp'**	
slave	**slav**			still	**stl'**	(steal, steel)
sleep	**slp**			still	**stl**	

stock	**stok**		taunt	**twnt**	
stole	**stol**		taut	**twt**	
stood	**stwd**		tax	**tx**	(Short')
stool	**stwl**		teach	**tch**	
stoop	**stwp**		teak	**tk'**	(take)
store	**stor**		tear	**tr**	
stout	**stwt**		teem	**tm'**	(team)
straight	**strht**		tell	**tel**	
strain	**strhn**		ten	**tn**	
strait	**strht'**	(straight)	tend	**tnd**	
stream	**strm**		tent	**tnt**	
strength	**strnth**		tenth	**tnth**	
stress	**strz**		term	**trm**	
strife	**stryf**		test	**tst**	
strike	**stryk**		text	**txt**	
stuck	**stuk**		thank	**tnk**	('Short')
stuff	**stuf**		that	**tht**	
style	**styl**		the	**th**	
such	**sch**		their	**thyr**	
sue	**zu**		them	**thm**	
suit	**zwt**		theme	**thym**	(them)
sure	**zr**		then	**thn**	
surge	**srj**		thence	**thnz**	
sweep	**swp**		there	**thr**	
sweet	**swt**		they	**thy**	
suite	**swyt**		thick	**thk**	
swear	**swr**		thief	**thf**	
swerve	**swrv**		thing	**thng**	
swing	**swng**		think	**thnk**	
switch	**swch**		third	**thrd**	
			thirst	**thrst**	
			threw	**thrw**	
	t		thrive	**thryv**	
			through	**thru**	
tail	**tl'**	(till)	ticket	**tkt**	
taint	**tnt'**	(tent)	tide	**tyd**	
take	**tk**	('Short')	tight	**tyt**	
talk	**tlk**	('Short')	tile	**tyl**	
tall	**tal**		time	**tym**	
tame	**tam**	(team)	tire	**tyr**	
tape	**tp**	('Short')	tithe	**tyth**	
taste	**tast**		to	**t**	('Short')
taught	**tawt**		toast	**twst**	

Abbreviated One-Syllable Words

toast	**tost**		vale	**vhl**		
toe	**tw'**	(two)	valve	**valv**		
toil	**twl**	(tool)	vault	**vwlt**		
toll	**tol**		veer	**vr**		
tool	**twl**	(toil)	veil	**vhl'**	(vale)	
took	**twk**		vein	**vhn'**	(vain)	
tooth	**twth**		vent	**vnt**		
toss	**toz**		verb	**vrb**		
touch	**twch**		verge	**vrj**		
tough	**tuf**		verse	**vrz**		
tour	**twr**		vest	**vst**		
town	**twn**	('Short')	vex	**vx**		
track	**trak**		vice	**vs**		
trade	**trd**	('Short')	vie	**vy**		
trail	**trhl**		view	**vw**		
train	**trhn**		vile	**vyl**		
trait	**trht**		vine	**vyn**		
tread	**tred**		voice	**vz**	('Short')	
treat	**trt**		void	**vod**		
trial	**tryl**		void	**vwd**	(viewed)	
tribe	**tryb**		vote	**vot**		
tried	**tryd**					
troop	**trwp**		# W			
trout	**trwt**					
truce	**trwz**					
truck	**truk**		wage	**wj**	('Short')	
true	**trw**		waist	**whst**		
tried	**tryd**		wait	**wt**	('Short')	
tube	**twb**		waive	**whv**		
tune	**twn'**	(town)	wake	**whk**		
turn	**trn**		walk	**wlk**		
twelve	**twlv**		wall	**wal**		
twist	**twst**	(toast)	was	**wz**	('Short')	
two	**tw**		waste	**wast**		
tie	**ty**		watch	**wach**		
type	**typ**		wave	**wav**		
tyre	**tyr**		way	**wy**		
			we	**w**		
# V			weak	**wk'**	(week)	
			wealth	**welth**		
			wear	**whr**	(where)	
vague	**vhg**		wear	**wrh**	(AgiliTyping)	
vain	**vhn**		weave	**wv**		

week	**wk'**	(weak)				
week	**wp**			**y**		
weigh	**wgh**					
weird	**wrd**	(word)	yacht	**yht**		
well	**wel**		yard	**yrd**		
went	**wnt**		year	**yr**		
were	**wr**		yearn	**yrn**		
west	**wst**		yeast	**yst**		
what	**wht**		yell	**yel**		
wheat	**wt'**	(wait)	yes	**ys**		
wheel	**wlh**	('Agilityping')	yet	**yt**	('Short')	
when	**whn**		yield	**yld**		
whence	**whnz**		you	**u**		
where	**whr**		young	**yng**		
which	**wch**		your	**y**	('Short')	
while	**wyl**		youth	**ywt**		
whose	**whz**					
wide	**wyd**			**z**		
wield	**wld**					
wife	**wyf**					
will	**wl**	('short')				
wind	**wnd**					
wine	**wyn**					
with	**wth**	('Short')				
wood	**wd'**	(would)				
wood	**wod**					
wool	**wol**					
word	**wrd**	('Short')				
work	**wrk**	('Short')				
worse	**wrz**					
worst	**wrst**					
worth	**wrth**					
would	**wd**	('Short')				
wound	**wond**					
wove	**wov**					
wreck	**rek**					
writhe	**ryth**					
write	**wrt**					
wrote	**wrot**					
wrought	**rawt**					

APPENDIX 5
ALTERNATIVE CONTRACTIONS
(for speed purposes)

SUPER = ZP

superable	**zprbl**
superabundance	**zpabundnz**
superannuation	**zpanwzn**
superb	**zprb**
superciliary	**zpzlyry**
supercilious	**zpzlyz**
superficial	**zpfzl**
superfine	**zpfyn**
superfluous	**zpflwz**
superhuman	**zphwmn**
superintendent	**zpntndnt**
superior	**zpryr**
superiority	**zpryrty**
supermarket	**zpmrkt**
supernatural	**zpnatrl**
supercede	**zpzd**
superstition	**zpstshn**
superstitious	**zpstshz**
supervise	**zpvz**
supervisor	**zpvzr**
supervision	**zpvzn**

UNDER = U'

under'clothing	**u'clwthg**
under'charge	**u'chrj**
under'current	**u'crnt**
under'developed	**u'dvlpd**
under'employed	**u'mployd**
under'estimate	**u'estmt**
understand	**u'stnd**
underline	**u'lyn**
under'mentioned	**u'mnznd**
undermine	**u'myn**
under'rated	**u'rhtd**
undertook	**u'twk**
undertake	**u'tk**
undervalue	**u'vlw**

SELF = S'

self'addressed	**s'adrzd**
self'assessment	**s'azsmnt**
self'centred	**s'sntrd**
self'conscious	**s'cnshz**
self'denial	**s'dnyl**
self'destructive	**s'dstructv**
self'esteem	**s'estm**
self'evident	**s'evdnt**
self'explanatory	**s'xplnhtry**
self'imposed	**s'mpzd**
self'induced	**s'ndwzd**
self'inflicted	**s'nflctd**

OVER = OVR or O

overcome	**ovrcm or ocm**
overdue	**ovrdw or odw**
overhead	**ovrhed or ohed**
overtime	**ovrtym or otym**

EVERY = EVRY or EV

everyone	**evrywn or evwn**
everything	**evrythng or evthng**

TERMINATIONS

bilities = **bls**   (or **bltys**)

abilities	**abltys** or **abls**
possibilities	**psbltys** or **psbls**
probabilities	**probltys** or **probls**

ments = **mnts** or **ms**

documents	=	**dcmnts** or **dcms**
Governments	=	**Gvmnts** or **Gvms**

lation = **ln** (or **lhzn**)

calculation	=	**clclhzn** or **clcln**
emulation	=	**amwlhzn** or **emwln**
regulation	=	**rglhzn** or **rgln**

nation = **nn**   (or **nhzn**)

designation	=	**dzgnhzn** or **dzgnn**
destination	=	**dstnhzn** or **dstnn**
resignation	=	**rsgnhzn** or **rsgnn**

Appendix 5

mination = mn (or mnhzn)
  termi**nation**= **trmnhzn** or **trmn**
  nomi**nation** = **nomnhzn** or **nomn**

ration = **rn** (or **rhzn**)
  celeb**ration** = **zlbrhzn** or **zlbrn**
  confede**ration** = **cnfdrhzn**
                    or **cnfdrn**
  conside**ration** = **cnsdrhzn**
                    or **cnsdrn**
  integ**ration** = **ntgrhzn**
                    or **ntgrn**
  exaspe**ration** = **xasprn**
                    or **xasprhzn**
  ope**ration** = **oprhzn** or **oprn**
  st**ration** = **strhzn** or **strn**
  administ**ration** = **admnstrhzn**
                    or **admnstrn**
demonst**ration**= **dmnstrhzn**
                    or **dmonstrn**

bation = **bn** (or **bzn**)
  pro**bation** = **probn**
  appro**bation** = **aprobn**

cation = **cn** (or **czn**)
  communi**cation** = **cmwncn**
  confis**cation** = **cnfscn**
  indication = **ndcn**

dation = **dn** (or **dzn**)
  accommo**dation** = **acmdn**
  invali**dation** = **nvldn**

gation = **gn** (or **gzn**)
  dele**gation** = **dlgn**
  investi**gation** = **nvstgn**

mation = **mn** (or **mzn**)
  amalga**mation** = **amlgmn**
  ani**mation** = **anmn**

pation = **pn** (or **pzn**)
  antici**pation** = **antzpn**
  partici**pation** = **prtzpn**

sation = **zn** (**zsn**)
  compen**sation** = **cmpnzn**
  dispen**sation** = **dspnzn**
  minimi**sation** = **mnmzn**

tation = **tn** (or **tzn**)
  agi**tation** = **ajtn**
  imi**tation** = **imtn**

vation = **vn** (or **vzn**)
  inno**vation** = **inovn**
  reno**vation** = **rnovn**

xation = **xn** (**xzn**)
  anne**xation** = **anxn**
  rela**xation** = **rlaxn**